とが
！

ジャムおにいが教える

本格おうちパン教室

ジャムおにい

はじめに

はじめまして、ジャムおにいです！
この本を手に取ってくださってありがとうございます。

普段は「ジャムおにい」として、SNSなどでパンの作り方やレシピを発信していますが、僕は、もともとパン職人として8年間パン屋で働いていました。

パン作りの専門学校を卒業し、街のパン屋で働き始めたのは19歳のとき。
そこで初めて、現場のスピード感に驚きました。
そのお店は週末には1日で1000個以上のカレーパンが売れる超繁盛店で、忙しさに圧倒される日々。
それまで、学校でワイワイみんなと喋りながらパンを作る楽しい実習ばかりだったので、仕事としてのパン作りにギャップと衝撃を覚えました。

ときには取り返しのつかないような失敗をしたり、先輩たちからの厳しい指摘を受けたりして、心が折れて辞めたいと思うこともありましたが、どんどんできることが増えていくことに喜びを感じ、楽しく充実した日々を過ごしていました。

働き始めて3年ほど経つと全てのパン作りのポジションを経験し、一通りの工程がこなせるようになりました。
しかしこの頃から、毎日同じ作業の繰り返しになり、好きだったはずのパン作りがいつしかなんの感情も湧かないただの作業のように感じてしまうようになりました。

そこで、新しいものを求めて転々と職場を変えましたが、パン職人としてのパン作りがどこか"つまらない"と感じてしまった気持ちは、どんどんふくらむばかり……。

そんな中、休みの日に自宅で家族や友人のためにパンを作ることがありました。
自分の自由な発想で自分のペースで作るパン作りに楽しさと、自分の作ったパンを食べてもらいおいしいと言ってもらうことで、久しぶりに幸せを感じることができたのです。

そのときから、この楽しいパン作りを仕事にできたらなと思いSNSでの発信を始めました。

今ではたくさんの方に僕の動画を見てもらえるようになり、僕のレシピを作ってくれた人から「ジャムおにいさんのレシピで作るパンが一番おいしい」と温かいコメントをいただくこともあり、幸せとやりがいを感じています。

この本では、こねないパンのレシピなど初心者の方でも挑戦しやすいものから、定番パンのレシピ、ちょっと一手間を加えたごちそうパンのレシピなど、パン職人が考えるおいしいパンレシピを多数紹介しています。
SNSを見てくれている人だけでなく、この本を通じてさらに多くの人に、パン作りの楽しさや焼きたてパンのおいしさを知ってもらい、幸せな気持ちになっていただければ嬉しいです。

ジャムおにい

CONTENTS

この本の見方

レシピページのアイコンや生地の作り方、成形など
この本の見方をかんたんにご説明します。

このレシピで使う生地の種類
です。生地は同じでも、成形や
具材を変えていろいろな種類
のパンを作ることができます。

パンを作るのに特別な型や道
具を使うものは、ここに載せて
います。どのパンでも使うめん
棒やクッキングシートなどは載
せていません。

作るときの難易度を3段階で
掲載しています。

Easy　*Normal*　*Hard*
▷　　▷▷　　▷▷▷

生地の種類

型や道具

難易度

フォカッチャ生地B
Focaccia

Easy
▷

フォカッチャ

用意するもの

スクエア型(縦18×横18cm)

作り方

成形

薄く油(分量外)をぬったスクエア型に生地を移し
て、型に合わせて手で均一にのばす。

最終発酵

40℃で40分

オーブンの発酵機能を使い、生地が2倍くらいの
大きさになっていればOK。発酵が終わったら生地
を型ごと取り出し、オーブンの予熱(200℃)を開
始する。

材料　1個分

生地	フォカッチャ生地B … 1個
	生地の作り方 ▶ P18
その他	オリーブオイル … 30g
	岩塩 … 適量

仕上げ

オリーブオイルを生地の表面にふりかけて、指で
穴をあけ(a)、岩塩をふる。

焼成

200℃で20分

天板に型をのせて焼く。

こねない生地

フォカッチャはオリーブオイルを混ぜ込んだ
生地に、凹みを作って焼き上げたパンのこと。
イタリア発祥で、
古代ローマでも食べられていたといいます。
成形はせずに、生地を型に入れるだけなので
とってもかんたんです。

44

焼いたあとは冷凍もOK!

❄ 冷凍方法
食べやすい大きさに切り、小分けにし
てラップで包み、ジップ式の密閉保存
袋に入れて冷凍する。

🍴 食べるときは
食べる前の日に冷蔵庫に移すか、電子
レンジの解凍モードで解凍する。お好
みでトースターで焼く。

a

両手の人差し指から小指を使って、
だいたい等間隔に5列くらい穴を
あける。穴をあけることで、生地
のふくらみが均一に仕上がる。

45

冷凍方法

この本に掲載されているパン
は、ほぼすべて冷凍ができます。
冷凍の仕方と解凍の仕方を紹
介しているので、参考にしてみ
てください。

レシピのポイント

レシピのポイントとなる工程は
写真付きで掲載しています。

8

この本の表記について

・強力粉は「カメリヤ」、薄力粉は「フラワー」を使用しています。ほかの商品を使って作る場合は、加える水分量が多少変わる可能性があるので、様子を見て調節してください。
・砂糖は特別な記載がない場合は上白糖を使用しています。
・バターは食塩不使用のものを使用しています。
・室温は20〜25℃を想定しています。パンは湿度や季節に

よって発酵のスピードが異なるため、様子を見ながら発酵時間を調節してください。
・焼成時間は目安です。お使いのオーブンによって異なるため、様子を見ながら調節してください。
・電子レンジは600Wのものを使用しています。

生地の作り方

本書の生地の作り方は2種類です。LESSON1の「生地の作り方」にある分量と作り方を参考に、生地を準備しましょう。

成形の仕方

成形の仕方はLESSON1の成形の仕方（P30〜）に詳しい写真つきで掲載しているので、こちらを参照して成形してください。

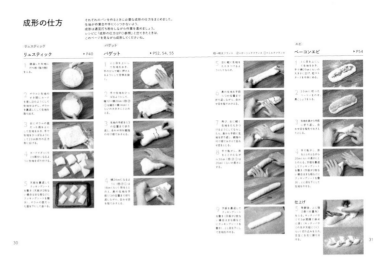

9

LESSON

1

パン作りの基本

材料、道具、生地の作り方、基本動作など、
パン作りに必要な知識をチェック。
難しいことは一切ナシなのでご安心を。
成形の仕方もこちらのLESSON1でチェックしてくださいね。

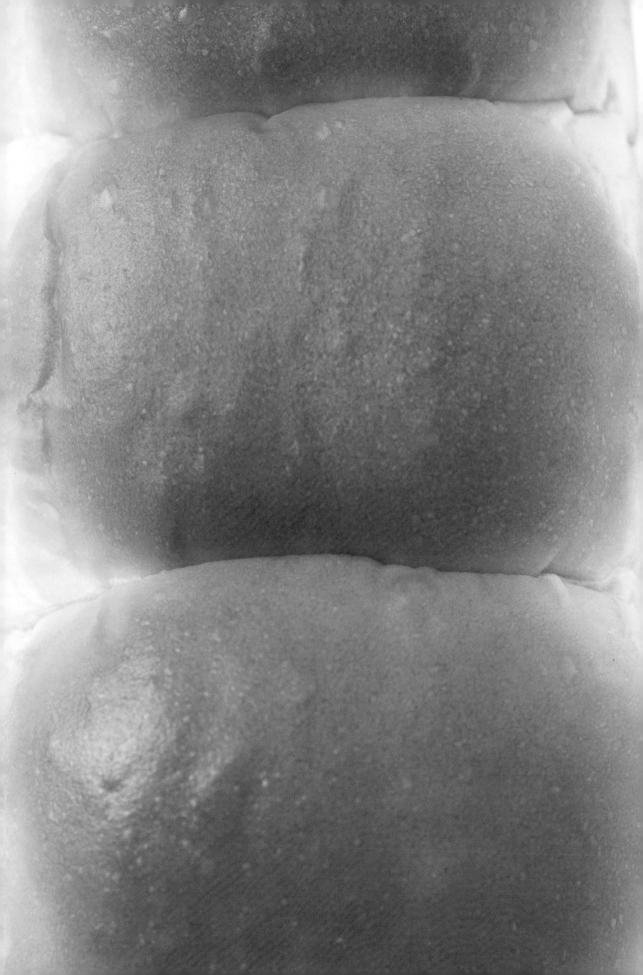

パン作りに使う材料

粉類

強力粉

小麦粉の一種で一番多く使う材料です。強力粉はたんぱく質が多く、水と混ざり合うことで弾力のあるグルテンが作られ、ボリュームのあるパンができます。この本では、スーパーなどで手に入りやすい「カメリヤ」を使用しています。

薄力粉

薄力粉も小麦粉の一種で、強力粉と比べるとたんぱく質が少なく、加えるとさっくりと軽い食感に。ハード系のパン（バゲットなど）や菓子パンを作るときに少量加えます。この本では、「フラワー」を使用。

砂糖

生地に甘みややわらかさを加えるほか、イーストの働きを助ける役割も。この本のパン生地では、上白糖を使用しています。

塩

パンの味付けのほかに、生地を引き締める効果があります。この本では粗塩を使用しています。

ココアパウダー

チョコミルクブレッドを作るときに粉類に混ぜて使います。製菓用の純ココアを用意してください。

インスタントコーヒー

コーヒーロールなどを作るときに粉類に混ぜて使います。この本では塊になっているものではなく、粉末のものを使用しています。

ドライイースト

生地を発酵させたり、ふくらませたりするのに必要なのがイーストです。開封後は密閉して、冷凍庫か冷蔵庫で保存しましょう。この本では扱いやすいインスタントドライイーストを使用しています。

油脂

バター

風味がアップし、生地がよくふくらみ、老化防止にもなります。溶かしバターにして水分と一緒に加えたり、やわらかくしたものを生地をこねている途中で加えたりするほか、仕上げのときに生地にぬることも。

オリーブオイル

フォカッチャ生地を作るときに使用したり、焼成前に生地にかけたり、つや出しのためにハケでぬったりして使います。香り付けの役割も。

水

小麦粉と水が混ざり合うことでグルテンが作られます。この本では水道水を使用していますが、軟水であればミネラルウォーターを使用してもOK。

牛乳

ミルク生地を作るときに水分として加えて使うことで、ミルキーな風味が出ます。

卵

菓子パン生地を作るときに水分として加えて使います。生地の老化防止としっとりとした質感が出ます。焼成前に表面にぬってつや出しのために使うことも。

はちみつ

バゲット生地の水分に加えたり、焼き上がったパンにぬったりかけたりして使います。

生クリーム

生ドーナツの水分に加えて使います。生地の老化防止としっとりやわらかにする役割もあります。

トマトジュース

トマトジュースのリュスティックを作るときに、生地の水分として使います。この本では、食塩無添加で100%のものを使用したレシピを紹介しています。

レーズン

大きなレーズンシュガーパンを作るときに、生地に混ぜ込んで使います。熱湯で戻してから混ぜ込みましょう。

黒いりごま

リュスティックの生地や、おいも食パンの具材、あんロールの飾りなどに使います。

グラニュー糖

焼成の前に生地にふったり、メロンパンのクッキー生地の材料として使います。

スプレーオイル

型に油脂をぬるときにあると便利です。

粉糖

水と合わせてアイシングに使います。

パン作りに使う道具

ボウル
生地を作るときに使います。直径20〜24cmくらいのものがおすすめ。

デジタルスケール
材料の計量に使います。正確に計量できるデジタル式のものがおすすめで、1g単位で計量できるもの、または0.1g単位で計れるものを用意します。生地を作るときは水の量も計量カップではなく、スケールで計量します。

めん棒
生地を平らにのばすのに使います。表面に凹凸のついたパン専用のものでも、ついていないものでもOKです。

ゴムベラ
生地を混ぜるときに使います。

ハケ
生地の表面に溶き卵や油脂をぬるときに使います。

カード

ボウルから生地を取り出したり、生地を分割するときなどに使います。スクレーパーやスケッパーとも呼ばれます。

クープナイフ

リュスティックやバゲットにクープ（切り込み）を入れるときに使います。なければ、新しいカミソリで代用してもOKです。

キッチンバサミ

生地に切り込みを入れるときに使います。

霧吹き

リュスティックやバゲットを焼くときに、オーブンの中に水を吹きかけるのに使います。水を吹きかけることでパリッとした仕上がりに。

茶こし

仕上げに打ち粉をふるときに使います。

クッキングシート

オーブンの天板に敷いたり、大きなレーズンシュガーパンでは、型の代わりにして使います。30〜33cm幅のものが便利です。

ラップ

パン生地の乾燥を防ぐため、生地を休ませるときに使います。

型類

この本では、スクエア型、1斤型、マフィン型などを使用しています。

カップ類

パン生地を入れて焼成するときに使います。アルミカップやPETフィルムが貼り付けてあるペットカップで、オーブン使用OKのものを用意してください。

"こねない生地"と"こねる生地"の違い

この本で紹介している生地の種類は大きく分けて2種類です。
それぞれの生地の特徴を比較して、お好みの生地のパンから作ってみましょう。

こねない生地

こんなところがメリット

1 こねる手間がない

パン作りにおいてもっとも手間がかかるのが「こねる」工程。こねない生地は非力な方でもチャレンジしやすいだけでなく「こねの見極め」も必要ないので初めての方にもおすすめです。

2 風味・甘みアップ

ゆっくり発酵させるため、生地が熟成し、風味豊かになるだけでなく、小麦粉のデンプンを糖に分解する消化酵素がしっかり働き、甘みが引き立ちます。

3 しっとりパンが仕上がる

発酵に時間をかけることで小麦粉の芯まで水分が浸透し（「水和」といいます）、水分を離しにくくするため生地の老化を防ぎ、しっとりとしたパンに仕上がります。

生地の作り方

process

こねずに混ぜるだけ

生地を混ぜる
▼
一晩かけて発酵！

1次発酵
（オーバーナイト）
▼
生地を室温で温める

復温
▼
分割
▼
成形
▼
最終発酵
▼
焼成

こねる生地

こんなところがメリット

1 ふんわりエアリーな パンが焼ける

生地をしっかりこねたあと、発酵させながら生地をパンチすることで、しっかりとふくらみ、ふんわりエアリーな食感のパンになります。

2 こねてから完成 までの時間が短い

オーソドックスで作業工程が少ないため、"こねる"という作業はあるものの、かんたんに短時間でおいしいパンが仕上がります。

3 粉の風味を 感じることができる

発酵時間が少ないため、粉の風味をより感じることができます。なので、粉にこだわりたいという場合は、こねる生地のレシピで作ってみるのがおすすめです。

生地の作り方

process

こねる

生地をこねる

▼

約1〜1.5時間で発酵

1次発酵

▼

分割・ベンチタイム

▼

成形

▼

最終発酵

▼

焼成

こねない生地の作り方

材料

フォカッチャ生地A

粉類	強力粉 … 200g
	砂糖 … 12g
	塩 … 4g
	イースト … 2g
水分	水 … 170g
油脂	オリーブオイル … 20g

フォカッチャ生地B

粉類	強力粉 … 250g
	砂糖 … 15g
	塩 … 5g
	イースト … 2〜3g
水分	水 … 213g
油脂	オリーブオイル … 25g

リュスティック生地

粉類	強力粉 … 160g
	薄力粉 … 40g
	塩 … 4g
	イースト … 1g
水分	水 … 160g
	はちみつ … 2g

バゲット生地

粉類	強力粉 … 160g
	薄力粉 … 40g
	塩 … 4g
	イースト … 1g
水分	水 … 140g
	はちみつ … 2g

ミルク生地A

粉類	強力粉 … 200g
	砂糖 … 20g
	塩 … 4g
	イースト … 2g
水分	牛乳 … 100g
	水 … 70g
油脂	溶かしバター … 20g

ミルク生地B

粉類	強力粉 … 250g
	砂糖 … 25g
	塩 … 5g
	イースト … 2〜3g
水分	牛乳 … 125g
	水 … 88g
油脂	溶かしバター … 25g

※写真はフォカッチャ生地

1

材料を計量し、
油脂（バター）を溶かす

作りたいレシピの生地の材料を計量する。溶かしバターが材料にある場合は、電子レンジ（600W）で30秒加熱して溶かしておく。

2

イースト、水分、油脂を
混ぜ合わせる

ボウルにイースト、 水分 、 油脂 （リュスティック生地・バゲット生地はなし）を入れて泡立て器でよく混ぜる。

3 粉類に 2 を加え、混ぜる

別のボウルに 粉類 を入れ、そこに2を加えてゴムベラで混ぜる。粉気がなくなり、ゴムベラですくったときにちぎれるくらいまで混ぜるのが目安。

☑ 混ぜ込みがある生地はこのときに

混ぜ込みの仕方

混ぜ込みする材料がある場合は、
生地を混ぜたあとにボウルの中でゴムベラを使って、混ぜ込んでいく。

1 具材を加える

ボウルに入った生地に混ぜ込みの材料を加える（写真はチョコミルクブレッドのチョコチップ）。

2 混ぜ込む

ゴムベラで生地を底から表面に持ってくるようにして混ぜる。ボウルを回転させながら、均等に具材が混ざるまで同じことを繰り返す。

4 生地をパンチする（折りたたむ）

混ぜ終わり、ラップをかけて生地を一定時間休ませたら、パンチする。ゴムベラで生地をボウルの底から持ってきて表面に重ねるように1周（4〜5回くらい）折りたたむ。この「休ませる」「パンチする」を繰り返す。休ませるときの温度と時間、回数は下記を参照。

パンチ前

パンチ終了後

温度	時間と回数	
夏場 **室温** 冬場 **35℃** ※オーブンの 発酵機能を使う	［ フォカッチャ生地 バゲット生地 ミルク生地 ］ **15分ごとに3回パンチ** **4** 3 ▶ パンチ ▶ パンチ ▶ パンチ ▶ **5** 15分休　15分休　15分休　に進む	［ リュスティック生地 バゲット生地 ］ **30分ごとに2回パンチ** **4** 3 ▶ パンチ ▶ パンチ ▶ **5** 30分休　30分休　30分休　に進む

5

冷蔵庫で
8〜24時間おく
（1次発酵）

生地の入ったボウルにラップをかけ、冷蔵庫で8〜24時間おいたら1次発酵は終了。

冷蔵庫でおいたあと（1次発酵終了後）

6

復温させる

成形に入る前に、冷蔵庫で冷えた生地の温度をもとに戻す（復温）。

温度

夏場	冬場
室温	35℃

※オーブンの発酵
機能を使うか、
なければ室温

時間

40分〜1時間

さわってみて冷たくなくなるまで

ここからはそれぞれの
レシピの作り方を参照

7

分割する

分割がある場合は
分割して丸める。

分割の仕方

分割する前に生地の重さを計る。その重さを分割したい数で割り（たとえば、レシピの作り方に「3分割」と書いてあったら、3で割る）、1個あたりの重さを出し、分割した生地をその重さに合わせる。1個あたりの重さを計算したら、水で手をぬらしながら生地をちぎって、1つずつ分割する。デジタルスケールに生地を入れたボウルをのせて、1個あたりのg数を引き算しながら分割していくと◎。

丸め方

手を水でぬらしながら、表から後ろに生地を持っていくようにして丸める。生地の表をつるつるにして、裏側にとじ目を作っていく。

8 成形する

レシピ、もしくは成形の仕方を見ながら成形する。

9 最終発酵

レシピに書いてある温度と時間で最終発酵させる。

10 仕上げ

クープなど仕上げの工程がある場合は、仕上げをする。

クープの入れ方

クープナイフを少し斜めに倒して、生地に切り込みを入れる。3〜5㎜くらいの深さで、なるべく一気に切り込みを入れる。

11 焼成

レシピに書いてある温度と時間で焼成する。
スチームを入れる場合は、このときに行う。

スチームの入れ方

予熱が終了したオーブンに生地を入れたら、庫内に向けて霧吹きで10〜15プッシュ水を吹きかけてから焼く。

完成！

こねる生地の作り方

材料

食パン生地A

粉類	強力粉 … 200g
	砂糖 … 16g
	塩 … 4g
	イースト … 2g
水分	水 … 70g
	牛乳 … 80g
油脂	バター … 20g

食パン生地B

粉類	強力粉 … 250g
	砂糖 … 20g
	塩 … 5g
	イースト … 2〜3g
水分	水 … 88g
	牛乳 … 100g
油脂	バター … 25g

菓子パン生地

粉類	強力粉 … 180g
	薄力粉 … 20g
	砂糖 … 30g
	塩 … 3g
	イースト … 3g
水分	水 … 50g
	牛乳 … 60g
	全卵 … 20g
	卵黄 … 1個分
油脂	バター … 30g

作り方　※写真は食パン生地

材料を計量する

作りたいレシピの生地の材料を計量する。バターは室温に戻し、2cm角に切る。全卵は溶きほぐしてから計量する。

24

2

粉類のダマを
手ですりつぶす

ボウルに 粉類 とイースト
を入れ、粉類にダマがあ
るときは、手ですりつぶ
しておく。

3

水分を加え、混ぜる

2のボウルに 水分 を加
え、手で粉気がなくなる
まで混ぜる。

4 生地を台の上に取り出し、こねる

生地を台の上に取り出し、たたきつけたり、台を生地にすりつけながらこねる。台からはがすときは、カードを生地と台の間にさしこむ。同じことを10分ほど繰り返し、生地の表面がツルッとしてきて、生地を引っ張ったときに薄い膜ができるくらいまでこねる。

※ベーグル生地は、生地が硬いので、たたきつけるのではなく、台にこすりつけるようにしてのばしながらこねるとよい。

5 油脂（バター）を加えてこねる

生地の上にバターをのせ、指でつぶしながらなじませたら、生地を横3つ折り、縦3つ折りにする。折った生地を手でぐるぐるとこねたり、台にこすりつけたり、た

表面がややツルッと

薄い膜ができる

混ぜ込みの仕方

混ぜ込みする材料がある場合は、
台の上で手で混ぜ込んでいく。

1 具材を半量加える

台に生地を広げ、混ぜ込み材料の半量をのせる（写真は黒ごまチーズパンの黒ごま）。生地の上下を1/3ずつ折りたたむ。

2 残りの具材を加える

たたんだ生地に残りの具材ものせ、左右を1/3ずつ折りたたむ。

3 混ぜ込む（すりつける）

生地を台にすりつけたり、たたきつけたりするのを繰り返し混ぜ込む。すりつけるときは、生地を手で向こう側にすりつける。

4 混ぜ込む（たたきつける）

生地を持ち上げて台にたたきつけ、手首を返しながらまた持ち上げる。

5 混ぜ込み完了！

3と**4**を全体が均等に混ざるまで繰り返す。

27

☑ 混ぜ込みがある生地はこのときに

たきつけたりを10分くらい繰り返し、生地の表面がツルッとしてきて、生地を引っ張ったときに指がすけて見えるくらい薄い膜ができるまでこねる。

表面がツルッと！

薄い膜ができる

こね終わり！

6

1次発酵させながら途中で1回、生地をパンチする（折りたたむ）

発酵 ⋯⋯⋯⋯⋯⋯⋯▶ パンチ ⋯⋯⋯⋯⋯⋯⋯▶ 発酵

生地をボウルに入れてラップをかけ、発酵させる。オーブンの発酵機能を使い、1.3倍くらいの大きさになったら、一度取り出す。

生地を上下左右から中央に向かって1回ずつ折りたたみ、裏返す。

再びラップをかけ、生地をオーブンに戻す。オーブンの発酵機能を使い、2倍の大きさになったら発酵終了！

1.3倍くらいの大きさになった状態

温度と時間
⋯⋯⋯⋯⋯⋯⋯⋯
35℃で30分

▼

▼

▼

▼

裏返す

2倍くらいの大きさになった状態
（1次発酵終了後）

温度と時間
⋯⋯⋯⋯⋯⋯⋯⋯
35℃で30分

ここからはそれぞれの
レシピの作り方を参照

7 分割する

分割がある場合は
分割して丸める。

分割の仕方

分割する前に生地の重さを計る。その
重さを分割したい数で割り（たとえば、
レシピの作り方に「3分割」と書いて
あったら、3で割る）、1個あたりの重さ
を出し、分割した生地をその重さに合
わせる。

例

3分割　6分割　8分割

1 カードで切り分ける

まず、上記を参考に、分割したい数に
合わせて生地をカードで切り分ける。7
分割するときは、生地を一旦手で転が
して細長くしてから分割するとやりやす
い。

2 スケールで調整する

切り分けた生地の重さを1個ずつ計り、
計算したg数より少ない場合は他の生
地から足し、多い場合は減らしたりし
て、すべてをだいたい同じ重さにする。

丸め方

分割した小さな生地

中心でつまむ

裏返す

とじ目は下

分割した生地を手のひらにのせ、生地
を上下、左右、それ以外のところ、とい
う順番に中央に集めていく。集まったと
ころをつまんでとじたら裏返し、手のひ
らにのせ、もう片方の手でくるくると転
がし、形をととのえる。

分割した大きな生地

分割しない大きな状態の生地は、台の
上にのせて丸めていく。生地の両手で
包むこむようにして、台との摩擦を利用
しながら表から裏に生地を入れ込んで
いく。

8 成形する

レシピ、もしくは
成形の仕方を見ながら
成形する。

▼

9 最終発酵

レシピに書いてある
温度と時間で
最終発酵させる。

▼

10 仕上げ

仕上げの工程がある
場合は、仕上げをする。

▼

11 焼成

レシピに書いてある
温度と時間で焼成する。

▼

完成！

成形の仕方

それぞれのパンを作るときに必要な成形の仕方をまとめました。
生地が作業台や手にくっつかないよう、
成形は適宜打ち粉をしながら作業を進めましょう。
レシピに「成形の仕方はP◎参照」と出てきたときは、
このページを見ながら成形してくださいね。

リュスティック

リュスティック ▶ P40

バゲット

バゲット ▶ P52、54、55

1 復温した生地に打ち粉（強力粉）をふる。

2 ボウルと生地のすき間にカードを差し込むようにして生地をはがし、ボウルを裏返しにして生地を取り出す。

3 台にボウルの底だった面を上にして生地をおき、手で生地をひっぱるようにして22cm四方の正方形に広げる。

22cm

22cm

4 カードでざっくりと6等分になるように生地を切り分ける。

5 天板を裏返してクッキングシートを敷き（天板が2枚ない場合はまな板などにクッキングシートを敷き）、ボウルの底だった面を下にして並べる。

1 とじ目を上にして生地をおき、手のひらで軽く押さえるようにして空気を抜く。

2 手で生地をひっぱるようにして、縦12×横20cm（明 か し は縦8×横14cm）くらいの大きさにととのえる。

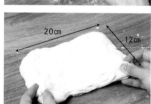

20cm

12cm

3 生地の手前を1/3の位置まで折り返し、合わせ目を親指の付け根でおさえる。

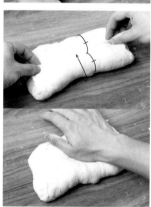

4 横24cmになるように（明 か し は18cmくらい）形をととのえ、奥の生地を手前1/3の位置まで折り返しながら、合わせ目を指でおさえる。

5 台に軽く生地を
たたきつけるよ
うにしてならす。

6 奥の生地を手前
1/3の位置まで
折り返しながら、合わ
せ目を指でおさえる。

7 再び、台に軽く
生地をたたきつ
けるようにしてならし
たら、奥から手前に生
地を折り返し、親指の
付け根でおさえて合わ
せ目をとじる。

8 手で転がし、形
をととのえなが
ら30cm（明カミは
20cm）くらいの長さに
する。

9 天板を裏返して
クッキングシート
を敷き（天板が2枚な
い場合はまな板などに
クッキングシートを
敷き）、とじ目を下に
して生地をのせる。

1 とじ目を上にし
て生地をおき、
手で横20cmくらいの
大きさに広げ、粒マス
タードを中央にぬる。

2 20cmに切った
ベーコンをのせ、
黒こしょうをふる。

3 生地を奥から手前
に折り返し、合
わせ目を指先でおさえ
てとじる。

4 手で転がし、形
をととのえながら
20cmくらいの長さにと
とのえる。天板を裏返
してクッキングシート
を敷き（天板が2枚な
い場合はまな板などに
クッキングシートを敷
き）、とじ目を下にして
生地をのせる。

仕上げ

5 発酵後、上に強
力粉（分量外）
をふる。キッチンバサ
ミで3cm間隔で斜め
に深く（キッチンバサ
ミの先が天板につくく
らい）切り込みを入れ、
交互に左右に振り分
ける。

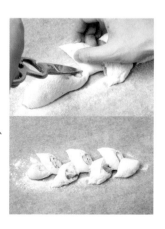

31

フロマージュクッペ ▶ P55

1 とじ目を上にして生地をおき、手で縦6×横12cmくらいの大きさにのばし、4等分にしたチーズ類をのせる。チェダーチーズは3cm四方にちぎってのせる。

2 具材を両手の親指でおさえながら、向こう側の生地を手前の生地の中央に向かって折りたたむ。

3 合わせ目を上にして、指でつまんでとじる。

4 手のひらで転がし、中央が太く、両端が徐々に細くなるように形をとのえる。天板を裏返してクッキングシートを敷き（天板が2枚ない場合はまな板などにクッキングシートを敷き）、とじ目を下にして生地をのせる。

塩パン・アレンジ2種

1 とじ目を上にして生地をおき、手のひらで横12cmくらいになるようにのばす。

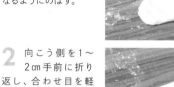

2 向こう側を1～2cm手前に折り返し、合わせ目を軽く指でおさえるようにして手前に向かってキュッと巻いていく。

3 合わせ目を指でつまんでとじる。

4 合わせ目を下にしておき、右半分（まはた左半分）だけが細くなるように手のひらで転がし、長さ15cmくらいのしずく型にする。

5 バットに並べてラップをかけ、冷凍庫で20分以上休ませる。

6 冷凍庫から取り出し、とじ目を上にして生地をおき、手のひらで平らになるようにつぶす。

▸ P58、60、61

7 めん棒でのばす。
先に上の太い部分にめん棒を転がしてのばし、下の方は手で生地を引くようにしながらめん棒を転がす。長さ40cmくらいまでのばす。

あん塩バターは、このとき、つぶあんをスプーンでぬり広げる。

8 上の太い部分を指で横に広げる。

9 広げた部分にバターをのせて岩塩をふる。

10 生地を手前に折り返して包み、合わせ目を指でおさえてとじる。

11 手前に向かって少しゆるく巻いていく。

12 巻き終わりを下にして、クッキングシートを敷いた天板の上に並べる。

ちぎりスティックパン　▸ P62

1 とじ目を上にして生地をおき、手のひらで縦6×横12cmくらいになるようにのばす。

2 生地の手前を1/3の位置まで折り返し、合わせ目を親指の付け根でおさえる。奥の生地を手前1/3の位置まで折り返し、合わせ目を指でおさえる。

3 奥から手前に生地を折り返し、親指の付け根でおさえて合わせ目をとじる。

4 手で転がし、形をととのえながら16〜17cmくらいの長さにする。

5 とじ目を下にして、薄く油（分量外）をぬった型に並べ入れる。

33

なまこ型

コッペパン　▶ P68

1 とじ目を上にして生地をおき、手のひらで縦6×横12cmくらいになるようにのばす。

2 生地の手前を1/3の位置まで折り返し、合わせ目を親指の付け根でおさえる。

3 奥の生地を手前1/3の位置まで折り返し、合わせ目を指でおさえる。

4 奥から手前に生地を折り返し、指でおさえて合わせ目をとじる。

5 手で転がし、形をととのえながら15cmくらいの長さにする。クッキングシートを敷いた天板の上にとじ目を下にして並べる。

15cm

丸型（具入り）

丸いコーンマヨパン・アレンジ4種　▶ P70

1 とじ目を上にして生地をおき、めん棒で直径12cmくらいにのばし、具材を中央にのせる。

12cm

2 上下、左右から中央に生地を集め、合わせ目を指でつまんでとじる。クッキングシートを敷いた天板の上にとじ目を下にして並べる。

34

シナモンロール　▶P82

1 とじ目を上にして生地をおき、めん棒で縦30×横20cmくらいの大きさにのばし、溶かしバターをぬる。このとき、生地の奥2～3cmはぬらないようにする。

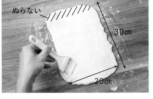

2 シナモンシュガー（具材）を全体に広げる。**1**と同じく、奥2～3cmはのせないようにする。

3 手前を1～2cmくらい折り返し芯を作ったら、向こう側にくるくると巻いていく。

4 合わせ目を指でつまんでとじる。

5 手で転がし、形をととのえる。

6 とじ目を下にしておき、包丁で6等分に切る。

7 アルミカップに入れ、天板に並べたら、指で厚みが半分になるくらいまで生地をつぶす。

大きなシナモンパン　▶P86

1 とじ目を上にして生地をおき、めん棒で縦30×横20cmくらいの大きさにのばす。

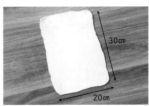

2 包丁で縦2cm幅に切る。

3 **2**を2～3枚重ねて2cm幅に切る。

4 生地をばらしながらボウルに入れる。このとき、生地がゆるくなって生地同士がくっついてしまうようなら、ボウルに入れたあと冷凍庫で20分冷やす。

5 溶かしバターを加えて全体をさっくり混ぜたら、シナモンシュガーを加えて全体を混ぜる。

6 エンゼル型に入れる。

クリームパン ▶ P88

1 とじ目を上にして生地をおき、めん棒で縦12×横8cmくらいのだ円形に広げ、カスタードクリームをのせる。このとき、生地のふちにクリームがつかないように注意！

2 奥から手前に生地を折り返し、合わせ目を指でおさえてとじる。

3 手で軽く空気を抜くようにおさえる。

4 カードでクリームが見えるくらいの深さの切り込みを3箇所入れる。クッキングシートを敷いた天板に並べる。

メロンパン ▶ P90

1 クッキー生地は8等分にしてめん棒で直径7cmくらいの大きさにのばし、その上に丸めたパン生地をとじ目を上にしてのせる。

2 クッキー生地にパン生地を押し込むようにして包む。クッキー生地でパン生地を覆いながら、パン生地の下面まで包む。

3 裏返して手のひらにのせ、もう片方の手で転がしながらクッキー生地をパン生地の下面までのばしていき、写真のように包む。

4 クッキー生地の表面にカードで縦横4本ずつ模様をつけ、クッキングシートを敷いた天板に並べる。

食パン　▶P94

1　とじ目を上にして生地をおき、手で横12cmくらいのだ円形にのばしたら、生地の手前を1/3の位置まで折り返し、合わせ目を指でおさえる。

2　奥の生地を手前1/3の位置まで折り返し、合わせ目を指でおさえる。

3　合わせ目を上にして縦におき、めん棒で長さ18cmくらいまでのばす。

4　手前から奥にくるくると巻いていく。

5　巻き終わりを下にして、薄く油（分量外）をぬった型の端に入れる。

6　残りも同様に巻いて、反対側の端、中央の順番に入れる。型を天板にのせる。

おいも食パン　▶P96

1　とじ目を上にして生地をおき、20cm四方くらいにのばし、**さつまいもの甘露煮**を半量のせ、黒いりごまをふる。

2　生地の手前を2cmくらい折り返したら、向こう側にくるくると巻いていく。

3　生地の両端をつまんでとじる。

4　とじ目を上にしておき、とじ目にそって包丁で半分に切る。

5　切った生地2本を具材を上にして中心で交差させ、端に向かってねじる。端は指でつまんでとめる。

6　反対側も同じようにして端をとめる。

7　具材の面を上にしたまま薄く油（分量外）をぬった型に入れる。

37

LESSON

2

こねない生地を使ったパン

オーバーナイト法という冷蔵庫で生地を寝かせることで
発酵させる製法で作るため、生地はこねなくてOK。
こねの見極めが必要ないので、初心者の方にもおすすめです。
生地の作り方はP18〜を参照してください。

素朴な見た目と味で、
「田舎風」という意味があるリュスティック。
成形は切り分けるだけで超かんたん！
初心者の方にもおすすめです。

40 　外はバリッと中はしっとりとしていて、
サンドイッチにしても◎。

リュスティック生地
Rustic

リュスティック

用意するもの

クープナイフ
（ない場合は、新しいカミソリかナイフでもよい）

茶こし
霧吹き

材料　6個分

生地　リュスティック生地 … 1個
　　　生地の作り方 ▶ P18

作り方

成形・分割

リュスティックの形に成形と分割（6等分）をする（P30）。

最終発酵

35℃で30分
オーブンの発酵機能を使い、生地が1.5倍くらいの大きさになっていればOK。発酵が終わったら生地を取り出す。オーブンの下段に天板を入れ、予熱（230℃）を開始する。

仕上げ

成形・分割した生地に茶こしで強力粉（分量外）をふり、斜めに1本、3〜5mmの深さのクープ（切り込み）を入れる。　クープの入れ方 ▶ P23

焼成

230℃で12分
生地をクッキングシートごと予熱してある天板にスライドするように移し、スチームを入れてから焼く。

焼いたあとは冷凍もOK！

冷凍方法
1個ずつラップで包み、ジップ式の密閉保存袋に入れて冷凍する。

食べるときは
食べる前の日に冷蔵庫に移すか、電子レンジの解凍モードで解凍する。お好みでトースターで焼く。

リュスティックサンド

リュスティック（P40）で作ったサンドイッチは
味も見た目もお店のような仕上がり！

用意するもの

クープナイフ
（ない場合は、新しいカミソリかナイフでもよい）
茶こし
霧吹き
包丁など

材料　6個分

生地	リュスティック生地 … 1個
	生地の作り方 ▶ P18
その他	ベビーリーフ、スモークサーモン、アボカド、クリームチーズなどお好みの具材

作り方

1 | リュスティック（P41）を焼く。

2 | 焼き上がって粗熱が取れたら、横に切り込みを入れて、食べやすい大きさに切った具材をはさむ。

黒ごまさつまいもリュスティック

香ばしい黒ごまと、しっとりしたさつまいもが
相性抜群のほの甘いパンです。

用意するもの

クープナイフ
（ない場合は、新しいカミソリかナイフでもよい）
茶こし
霧吹き

材料　6個分

生地	リュスティック生地 … 1個
	生地の作り方 ▶ P18
混ぜ込み	黒いりごま … 6g
	さつまいもの甘露煮
	さつまいも … 100g
	バター … 5g
	はちみつ … 5g
	グラニュー糖 … 5g

下準備

○ さつまいもの甘露煮を作る。さつまいもは皮をむき、さいの目切りにする。耐熱容器に入れ、ラップをかけて電子レンジ（600W）で3分加熱する。フライパンにバターを熱し、さつまいもを炒める。中まで火が通ったらはちみつとグラニュー糖を加えてさっと炒める。さめたら黒ごまとともにリュスティック生地に混ぜ込む。 混ぜ込みの仕方 ▶ P20

作り方

1 | リュスティック（P41）と同様に作る。

リュスティックアレンジ

トマトジュースの
リュスティック

水の代わりにトマトジュースを使用。
そのままでもサンドイッチにしても！

用意するもの

クープナイフ
（ない場合は、新しいカミソリかナイフでもよい）
茶こし
霧吹き
包丁など

材料　6個分

生地	リュスティック生地 … 1個

*材料の水160gをトマトジュース（食塩不使用）
　180gに変更する。
生地の作り方 ▶ P18

その他	ベビーリーフ、生ハム、

スライスした玉ねぎなどお好みの具材

作り方

1 | **リュスティック（P41）**と同様に作る。

2 | 焼き上がって粗熱が取れたら、横に切り込み
を入れて、食べやすい大きさに切った具材を
はさむ。

クリームチーズ クランベリー
リュスティック

クランベリーとカシューナッツを混ぜ込んだ生地と、
具材のクリームチーズがアクセント。

材料　5本分

生地	リュスティック生地 … 1個
	生地の作り方 ▶ P18
混ぜ込み	カシューナッツ … 40g
	ドライクランベリー … 80g
	（熱湯で戻し水気を拭き取る）
その他	クリームチーズ … 50g

下準備

○ リュスティック生地にカシューナッツとクランベ
リーを混ぜ込む。　**混ぜ込みの仕方 ▶ P20**

作り方

分割 | 5分割して丸める。

成形 | とじ目を上にしてめん棒で縦5×横15cmくらい
にのばす。中央にクリームチーズを10gずつの
せる。奥から手前に折りたたみ、指先でとじた
ら、生地を転がしてねじる（a）。

最終発酵 | **35℃で30分** 1.5倍くらいの大きさになったら
生地を取り出す。オーブンの下段に天板を入
れ、予熱（230℃）を開始する。

焼成 | **230℃で12分**
生地をクッキングシート
ごと予熱してある天板
にスライドするように移
し、スチームを入れてか
ら焼く。

生地の端を片手で抑
えながら、もう片方
の手のひらで転がし、
ねじる。

43

フォカッチャはオリーブオイルを混ぜ込んだ
生地に、凹みを作って焼き上げたパンのこと。
イタリア発祥で、
古代ローマでも食べられていたといいます。
成形はせずに、生地を型に入れるだけなので
とってもかんたんです。

44

フォカッチャ生地B

Focaccia

フォカッチャ

スクエア型 (縦18×横18㎝)

　1個分

| 生地 | フォカッチャ生地B … 1個
生地の作り方 ▶ P18 |
| その他 | オリーブオイル … 30g
岩塩 … 適量 |

成形

薄く油 (分量外) をぬったスクエア型に生地を移して、型に合わせて手で均一にのばす。

最終発酵

40℃で40分

オーブンの発酵機能を使い、生地が2倍くらいの大きさになっていればOK。発酵が終わったら生地を型ごと取り出し、オーブンの予熱 (200℃) を開始する。

仕上げ

オリーブオイルを生地の表面にふりかけて、指で穴をあけ (a)、岩塩をふる。

焼成

200℃で20分

天板に型をのせて焼く。

焼いたあとは冷凍もOK！

🧊 冷凍方法

食べやすい大きさに切り、小分けにしてラップで包み、ジップ式の密閉保存袋に入れて冷凍する。

◉ 食べるときは

食べる前の日に冷蔵庫に移すか、電子レンジの解凍モードで解凍する。お好みでトースターで焼く。

a

両手の人差し指から小指を使って、だいたい等間隔に5列くらい穴をあける。穴をあけることで、生地のふくらみが均一に仕上がる。

45

プチフォカッチャ

フォカッチャの生地と同じ割合の材料を使った
小さいフォカッチャです。

用意するもの

マフィン型（直径6cm×高さ2.8cm）

材料 9個分

生地	フォカッチャ生地A … 1個
	生地の作り方 ▶ P18
その他	オリーブオイル … 30g
	岩塩 … 適量

作り方

分割	9分割して丸める。
成形	薄く油（分量外）をぬったマフィン型に生地のとじ目を下にして移す。
最終発酵	**40℃で40分** 生地が2倍くらいの大きさになったら生地を型ごと取り出し、オーブンの予熱（200℃）を開始する。
仕上げ	オリーブオイルを生地の表面にふりかけて、指で1個の型につき5ヵ所ほど穴をあけ、岩塩をふる。
焼成	**200℃で12～15分** 天板に型をのせて焼く。

チーズたっぷりフォカッチャ

フォカッチャにチーズをかけて焼くだけ。
おつまみ&前菜感がアップ。

用意するもの

スクエア型（縦18×横18cm）

材料 1個分

生地	フォカッチャ生地B … 1個
	生地の作り方 ▶ P18
その他	ピザ用チーズ … 適量

作り方

成形	薄く油（分量外）をぬったスクエア型に生地を移して、型に合わせて手で均一にのばす。
最終発酵	**40℃で40分** 生地が2倍くらいの大きさになったら生地を型ごと取り出し、オーブンの予熱（200℃）を開始する。
仕上げ	両手の人差し指から小指を使って、だいたい等間隔に5列くらい穴をあける。表面にチーズをたっぷりかける。
焼成	**200℃で20分** 天板に型をのせて焼く。

Focaccia Arrange

フォカッチャアレンジ

マルゲリータフォカッチャ

フォカッチャ生地はピザにしても◎。
ジューシーで格別な味わいが最高です。

きのこたっぷりフォカッチャ

パスタソースで炒めた濃厚な具材を一緒に
焼き上げたボリューム満点の一品。

(材料)　2枚分

生地　フォカッチャ生地A … 1個
　　　生地の作り方 ▶ P18

その他　ピザソース … 適量
　　　　ピザ用チーズ、モッツァレラチーズ
　　　　… 適量
　　　　ミニトマト … 6個
　　　　バジルの葉 … 10枚

(作り方)

分割｜2分割して丸める。

成形｜とじ目を上にして手で直径15cmくらいに
　　　平たくのばし、クッキングシートを敷いた天板
　　　にのせる (a)。

最終発酵｜**40℃で20分**
　　　　生地が2倍くらいの大きさになったら生地を取
　　　　り出し、オーブンの予熱 (230℃) を開始する。

仕上げ｜生地の中央にピザソースをぬり、チーズ、ミニ
　　　　トマト、バジルの葉をのせる。

焼成｜**230℃で10分**
　　　天板にシートごと
　　　生地をのせて焼く。

ピザの具材をのせる中
央は少しくぼませておく。

(用意するもの)

スクエア型 (縦18×横18cm)

(材料)　1個分

生地　フォカッチャ生地B … 1個
　　　生地の作り方 ▶ P18

その他　まいたけ、エリンギ、しめじ … 各50g
　　　　(エリンギは長さを半分に切り、薄切り)
　　　　マッシュルーム … 2個 (薄切り)
　　　　ベーコン… 50g (1cm幅に切る)
　　　　カルボナーラのパスタソース … 1食分
　　　　オリーブオイル … 小さじ1
　　　　ピザ用チーズ … 適量

(下準備)

○ フライパンにオリーブオイルを熱し、きのこ類と
ベーコンを炒める。しんなりしてきたらパスタソース
を加え、さっと炒め、さます (ア)。

(作り方)

成形｜薄く油 (分量外) をぬったスクエア型に生地を
　　　移して、型に合わせて手で均一にのばす。

最終発酵｜**40℃で40分**　生地が2倍くらいの大きさに
　　　　なったら生地を型ごと取り出し、オーブンの予
　　　　熱 (200℃) を開始する。

仕上げ｜両手の人差し指から小指を使って、だいたい
　　　　等間隔に5列くらい穴をあける。(ア) をのせ
　　　　てチーズをたっぷりかける。

47

焼成｜**200℃で25分**　天板に型をのせて焼く。

生地に牛乳を加えて作る、
ミルク感たっぷりのふんわりパン。
ほんのり甘い生地に、グラニュー糖を
ふりかけて焼き上げました。
パンのふんわりした食感と
グラニュー糖のザクッとした食感を
楽しんでください。

ミルク生地B

Milk bread

ミルクブレッド

用意するもの

スクエア型 (縦18×横18cm)

材料　　1個分

| 生地 | ミルク生地B … 1個
生地の作り方 ▶ P18 |
| その他 | 溶かしバター … 30g
グラニュー糖 … 適量 |

作り方

成形

薄く油 (分量外) をぬったスクエア型に生地を移して、型に合わせて手で均一にのばす。

最終発酵

40℃で40分

オーブンの発酵機能を使い、生地が2倍くらいの大きさになっていればOK。発酵が終わったら生地を型ごと取り出し、オーブンの予熱 (200℃) を開始する。

仕上げ

溶かしバターを生地の表面にふりかけて、指で穴をあけ、グラニュー糖をふる。　穴のあけ方 ▶ P45のa

焼成

200℃で20〜25分

天板に型をのせて焼く。

焼いたあとは冷凍もOK！

❄ 冷凍方法

食べやすい大きさに切り、小分けにしてラップで包み、ジップ式の密閉保存袋に入れて冷凍する。

◉ 食べるときは

食べる前の日に冷蔵庫に移すか、電子レンジの解凍モードで解凍する。お好みでトースターで焼く。

チョコミルクブレッド／
抹茶ホワイトチョコブレッド

まるで飲みもののようなしっとりとした焼き上がり！
ケーキみたいで、プレゼントにも喜ばれるはず。

用意するもの

マフィン形（直径6cm×高さ2.8cm）

材料　　各11個分

チョコミルク

生地	ミルク生地A … 1個
	生地の作り方 ▶ P18
	＊材料の牛乳100gを110gに変更する。
	ココアパウダー … 8g
混ぜ込み	チョコチップ … 100g

抹茶ホワイトチョコ

生地	ミルク生地A … 1個
	生地の作り方 ▶ P18
	＊材料の牛乳100gを110gに変更する。
	抹茶パウダー … 4g
混ぜ込み	ホワイトチョコチップ … 100g

下準備

チョコミルク

○ ココアパウダーは、**生地の作り方の工程3のとき**に 粉類 に加える。

○ ミルク生地にチョコチップを混ぜ込む。
混ぜ込みの仕方 ▶ P20

抹茶ホワイトチョコ

○ 抹茶パウダーは、**生地の作り方の工程3のとき**に 粉類 に加える。

○ ミルク生地にホワイトチョコチップを混ぜ込む。
混ぜ込みの仕方 ▶ P20

作り方

分割 | 11分割して丸める。

成形 | 薄く油（分量外）をぬったマフィン型に、生地のとじ目を下にして移す。

最終発酵 | **40℃で40分**
生地が2倍くらいの大きさになったら生地を型ごと取り出し、オーブンの予熱（180℃）を開始する。

焼成 | **180℃で10分**
天板に型をのせて焼く。

ミルクブレッドアレンジ

シナモンりんごブレッド

香ばしいシナモンと甘酸っぱいりんごの
組み合わせは、食事にもおやつにも。

用意するもの

スクエア型（縦18×横18cm）

材料　1個分

生地	ミルク生地B … 1個
	生地の作り方 ▶ P18
その他	りんご … 1個（皮のまま2cm角に切る）
	グラニュー糖 … 40g
	シナモンシュガー
	グラニュー糖 … 25g
	シナモンパウダー … 3g
	溶かしバター … 30g

下準備

○ 鍋にりんごとグラニュー糖を入れて熱し、りんご
の表面がしんなりするまで炒め（a）、さます。
○ グラニュー糖とシナモンパウダーを混ぜ合わせて
シナモンシュガーを作る。

作り方

成形 薄く油（分量外）をぬったスクエア型に生地を
移して、型に合わせて手で均一にのばす。シ
ナモンシュガーの半量を上に広げ、三つ折り
にする（b）。再び型に合わせて平たくのばす。

最終発酵 **40℃で40分** 生地が2倍くらいの大きさに
なったら生地を型ごと取り出し、オーブンの予
熱（200℃）を開始する。

仕上げ 溶かしバターを生地の表面にふりかけて、指
で穴をあける **穴のあけ方 ▶ P45のa**。炒めたりん
ごを上にのせ、残りのシナモンシュガーをかけ
る。

焼成 **200℃で20〜25分** 天板に型をのせて焼く。

a 　　*b*

バゲットは細長い形をしたパンで、
フランスパンの一種。
その細長い形から、フランス語では
「細い棒」や「杖」という意味があります。
カットしたときに、大小の気泡（穴）が
できていたら大成功。
シンプルなようで、とても奥深いパンです。

バゲット

用意するもの

クープナイフ
茶こし
霧吹き

材料　2本分

生地	バゲット生地 … 1個
	生地の作り方 ▶ P18

焼いたあとは冷凍もOK！

🧊 冷凍方法

食べやすい大きさに切り、小分けにし
てラップで包み、ジップ式の密閉保存
袋に入れて冷凍する。

⚫ 食べるときは

食べる前の日に冷蔵庫に移すか、電子
レンジの解凍モードで解凍する。お好
みでトースターで焼く。

作り方

分割

2分割して丸める。

成形

バゲットの形に成形をする（P30）。

最終発酵

35℃で20〜25分
オーブンの発酵機能を使い、生地が1.5倍くらい
の大きさになっていればOK。発酵が終わったら生
地を取り出す。オーブンの下段に天板を入れ、予熱
（230℃）を開始する。

仕上げ

成形した生地に茶こしで強力粉（分量外）をふり、
斜めに3本、3〜5㎜の深さのクープ（切り込み）を
入れる（a）。　**クープの入れ方 ▶ P23**

焼成

230℃で18〜20分
生地をクッキングシートごと予熱してある天板にス
ライドするように移し、スチームを入れてから焼く。

a

53

ベーコンエピ

エピとは、フランス語で「麦の穂」のこと。
具材は、定番のベーコンです。

用意するもの

茶こし　キッチンバサミ

材料　4本分

生地	バゲット生地 … 1個 生地の作り方 ▶ P18
その他	ベーコン（薄切り） … 4枚 粒マスタード … 適量 黒こしょう … 適量

作り方

分割	4分割して丸める。
成形	エピの形に成形をする（P31）。
最終発酵	**35℃で25〜30分** 1.5倍くらいの大きさになったら生地を取り出す。オーブンの下段に天板を入れ、予熱（230℃）を開始する。
仕上げ	切り込みを入れて仕上げをする（P31）。
焼成	**230℃で10分** 生地をクッキングシートごと予熱してある天板にスライドするように移し、スチームを入れてから焼く。

明太フランス／ガーリックフランス

小さいサイズのバゲットに、
みんなが大好きなソースをぬるだけで完成！

54

用意するもの

クープナイフ　茶こし　霧吹き
包丁

材料　4個分

生地	バゲット生地 … 1個 生地の作り方 ▶ P18
その他	**明太ソース** 明太子 … 20g バター … 30g マヨネーズ … 15g だししょうゆ … 3g にんにくすりおろし … 1〜2g **ガーリックソース** バター … 50g 塩 … 2g 粉チーズ … 5g パセリ … 適量 にんにくすりおろし … 3g

下準備

○ ソースの材料をそれぞれ混ぜ合わせる。

作り方

分割	4分割して丸める。
成形	バゲットの形に成形をする（P30）。
最終発酵	**35℃で20〜25分** 1.5倍くらいの大きさになったら生地を取り出す。オーブンの下段に天板を入れ、予熱（230℃）を開始する。
仕上げ	茶こしで強力粉（分量外）をふり、斜めに1本、3〜5㎜の深さのクープ（切り込み）を入れる。 **クープの入れ方 ▶ P23**
焼成	**230℃で12分** 生地をクッキングシートごと予熱してある天板にスライドするように移し、スチームを入れてから焼く。焼けたら、一旦取り出して切り込みを入れて明太ソース、またはガーリックソースをぬり、さらに1〜2分焼く。

バゲットアレンジ

フロマージュクッペ

生地に数種類のチーズを包んで焼き上げた
チーズ好きに絶対に食べてほしいパンです。

用意するもの

クープナイフ　茶こし　霧吹き

材料　4個分

生地　　バゲット生地 … 1個
　　　　生地の作り方▶P18

その他　モッツァレラチーズ
　　　　（一口タイプ）… 40g
　　　　チェダーチーズ
　　　　（スライス）… 4枚
　　　　ピザ用チーズ … 80g
　　　　パルメザンチーズ
　　　　… 適量

作り方

分割｜4分割して丸める。

成形｜なまこ型（具入り）に成形をする（P32）。

最終発酵｜**35℃で20〜25分** 1.5倍くらいの大きさになったら生地を取り出す。オーブンの下段に天板を入れ、予熱（230℃）を開始する。

仕上げ｜茶こしで強力粉（分量外）をふり、横に1本、チーズが見えるくらいの深さまでクープ（切り込み）を入れる（a）。

焼成｜**230℃で12分** 生地をクッキングシートごと予熱してある天板にスライドするように移し、スチームを入れてから焼く。

a

ミルクフランス

噛みごたえのあるバゲット生地と魅惑的な
甘さのミルククリームは相性抜群！

用意するもの

クープナイフ　茶こし
霧吹き　包丁

材料　4本分

生地　　バゲット生地 … 1個
　　　　生地の作り方▶P18

その他　**ミルククリーム**
　　　　バター … 100g
　　　　（室温に戻す）
　　　　練乳 … 50g
　　　　粉糖 … 25g

下準備

○ バター、練乳、粉糖を混ぜ
合わせてミルククリームを作る。

作り方

分割｜4分割して丸める。

成形｜バゲットの形に成形をする（P30）。

最終発酵｜**35℃で20〜25分** 2倍くらいの大きさになったら生地を取り出す。オーブンの下段に天板を入れ、予熱（230℃）を開始する。

仕上げ｜茶こしで強力粉（分量外）をふり、斜めに1本、3〜5㎜の深さのクープ（切り込み）を入れる。　クープの入れ方▶P23

焼成｜**230℃で12分** 生地をクッキングシートごと予熱してある天板にスライドするように移し、スチームを入れてから焼く。

仕上げ｜さめたら、縦に切り込みを入れ、4等分にしたミルククリームをはさむ。

LESSON

3

こねる生地を使ったパン

こねない生地を使ったパンでパン作りの勘を掴んだら、
次はこねる生地を使ったパンにチャレンジ。
王道の食パンやコッペパンからお総菜パン、菓子パンまでレシピが
盛りだくさんなので、お好みのものから作ってみてくださいね。
生地の作り方はP24〜を参考にしてください。

バターを巻き、塩をかけて焼いた塩パンは
じゅわっと広がるバターの豊かな風味と
塩気がアクセントは止まらないおいしさ。
くるくると巻いたロールパンのような形も
かわいらしいです。
暑い夏の塩分補給にもどうぞ。

食パン生地A
Plain bread

塩パン

材料　6個分

生地　食パン生地A … 1個
生地の作り方 ▶ P24

その他　バター … 60g
岩塩 … 適量
溶かしバター … 適量

下準備

○ バターは10gずつ8cmくらいの長さに
切り分ける。

作り方

分割・ベンチタイム

6分割して丸め、濡れ布巾をかぶせて10分おく。

成形

ロールパン（具入り）の形に成形（P32）し、クッキングシートに並べる。

最終発酵

40℃で40分～1時間

オーブンの発酵機能を使い、生地が2倍くらいの大きさになっていればOK。発酵が終わったら生地を取り出す。オーブンの予熱（200℃）を開始する。

仕上げ

溶かしバターをハケでぬり、岩塩をふる。

焼成

200℃で10分
天板にシートごと生地をのせて焼く。

焼いたあとは冷凍もOK！

🧊 **冷凍方法**
1個ずつラップで包み、ジップ式の密閉保存袋に入れて冷凍する。

◉ **食べるときは**
食べる前の日に冷蔵庫に移すか、電子レンジの解凍モードで解凍する。お好みでトースターで焼く。

えび塩パン

桜えびを丸ごと粉砕して生地に混ぜ込み、
風味豊かに仕上げたパンです。

材料　6個分

生地	食パン生地A … 1個
	生地の作り方 ▶ P24
混ぜ込み	桜えび … 10g
その他	バター … 60g
	岩塩 … 適量
	溶かしバター … 適量

下準備

○ 桜えびは、フードプロセッサーかすりこぎで細かくして（a）、食パン生地に混ぜ込む。
混ぜ込みの仕方 ▶ P27

○ バターは、10gずつ8cmくらいの長さに切り分ける。

作り方

ベンチタイム 分割	6分割して丸め、濡れ布巾をかぶせて10分おく。
成形	ロールパン（具入り）の形に成形（P32）し、クッキングシートに並べる。
最終発酵	**40℃で40分～1時間** オーブンの発酵機能を使い、生地が2倍くらいの大きさになっていればOK。発酵が終わったら生地を取り出す。オーブンの予熱（200℃）を開始する。
仕上げ	溶かしバターをハケでぬり、岩塩をふる。
焼成	**200℃で10分** 天板にシートごと生地をのせて焼く。

a

塩パンアレンジ

あん塩バターパン

塩パンにあんこを巻き込んだ
甘じょっぱさがクセになります。

生地の作り方 ▶ P24

材料　6個分

生地	食パン生地A … 1個
	生地の作り方 ▶ P24
その他	つぶあん … 120g
	バター … 48g
	岩塩 … 適量
	溶かしバター … 適量
	黒いりごま … 適量

下準備

○ つぶあんは6等分にする。
○ バターは8gずつ8cmくらいの長さに切り分ける。

作り方

分割
ベンチタイム　6分割して丸め、濡れ布巾をかぶせて10分おく。

成形
ロールパン（具入り）の形に成形（P32）し、クッキングシートに並べる。

最終発酵
40℃で40分〜1時間　オーブンの発酵機能を使い、生地が2倍くらいの大きさになっていればOK。発酵が終わったら生地を取り出す。オーブンの予熱（200℃）を開始する。

仕上げ
溶かしバターをハケでぬり、黒いりごまと岩塩をふる。

焼成
200℃で10分
天板にシートごと生地をのせて焼く。

ふわふわの菓子パン生地をスティック状にして
型に並べて焼き上げると、
大きなちぎりスティックパンの完成。
手でさっくりとちぎって、召し上がれ。
みんなで食べて楽しく、
一人で食べても大満足な一品です。

62

ちぎりスティックパン

用意するもの

スクエア型（縦18×横18cm）

材料　1個分

生地	菓子パン生地 … 1個
	生地の作り方▶P24
その他	つや出し用の溶き卵 … 適量

作り方

分割・ベンチタイム

6分割して丸め、濡れ布巾をかぶせて10分おく。

成形

スティック状に成形し、型に並べる（P33）。

最終発酵

40℃で40分〜1時間

オーブンの発酵機能を使い、生地が2倍くらいの大きさになっていればOK。発酵が終わったら生地を型ごと取り出す。オーブンの予熱（180℃）を開始する。

仕上げ

溶き卵をハケでぬる。

焼成

180℃で12〜15分
天板に型をのせて焼く。

焼いたあとは冷凍もOK！

冷凍方法
まるごとラップで包み、ジップ式の密閉保存袋に入れて冷凍する。

● 食べるときは
食べる前の日に冷蔵庫に移すか、電子レンジの解凍モードで解凍する。お好みでトースターで焼く。

63

食パン生地を平たい丸にして、
お好みの具材をのせれば、
みんなが大好きなピザパンの完成。
次のページには、具材のアレンジも
紹介しているので、お好みで
いろいろな味を試してみてください。

王道のピザパン

材料 6個分

生地 食パン生地A … 1個
生地の作り方 ▶ P24

その他 ピザソース、ピーマン (輪切り)、
玉ねぎ (薄切り)、ウインナー (輪切り)、
ピザ用チーズ … 各適量

作り方

分割・ベンチタイム

6分割して丸め、濡れ布巾をかぶせて10分おく。

成形

とじ目を上にしてめん棒で直径10cmくらいの円形に平たくのばす (a)。

最終発酵

40℃で30分

オーブンの発酵機能を使い、生地が2倍くらいの大きさになっていればOK。発酵が終わったら生地を取り出す。オーブンの予熱 (200℃) を開始する。

仕上げ

生地の中央にピザソースをぬり、ピーマン、玉ねぎ、ウインナー、ピザ用チーズをのせる。

焼成

200℃で10分

天板にシートごと生地をのせて焼く。

焼いたあとは冷凍もOK！

❄ 冷凍方法
1個ずつラップで包み、ジップ式の密閉保存袋に入れて冷凍する。

◉ 食べるときは
食べる前の日に冷蔵庫に移すか、電子レンジの解凍モードで解凍する。お好みでトースターで焼く。

a

のばしたら、クッキングシートを敷いた天板にとじ目を上にしてのせ、ピザの具材をのせる。中央は少しくぼませておく。

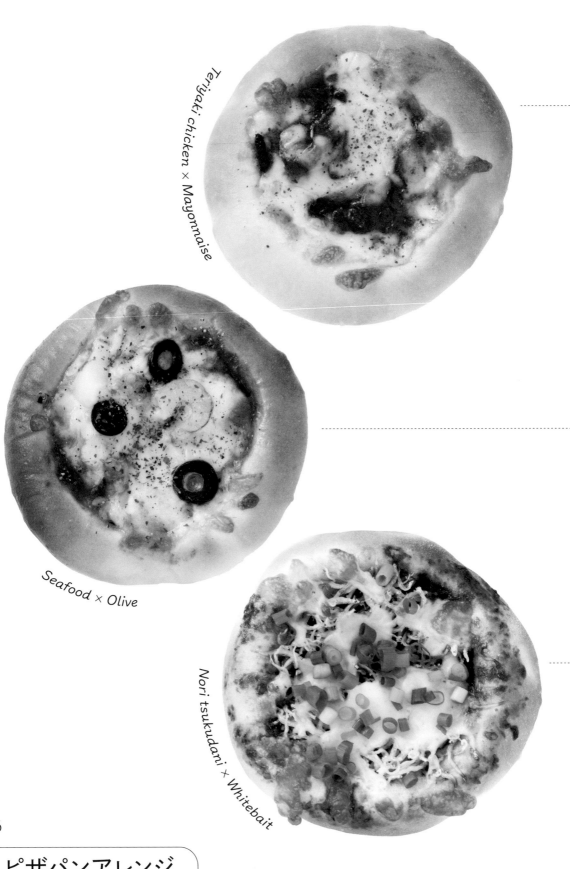

Teriyaki chicken × Mayonnaise

Seafood × Olive

Nori tsukudani × Whitebait

ピザパンアレンジ

てりやきチキンマヨのピザパン

焼き鳥缶を使ってお手軽にできる
てりやきチキン風のピザです。

材料 6個分

生地	食パン生地A … 1個
	生地の作り方▶P24
その他	焼き鳥缶 … 3缶
	ピザ用チーズ、マヨネーズ … 各適量

作り方

1 | 王道のピザパン（P65）と同様に最終発酵まで作る。

仕上げ | 生地の中央に6等分ずつの焼き鳥缶、ピザ用チーズ、マヨネーズをのせる。

焼成 | **200℃で10分** 天板にシートごと生地をのせて焼く。お好みで一味とうがらしをかける。

シーフードオリーブのピザパン

シーフードとオリーブは相性抜群。
大人の方におすすめのお総菜パンです。

材料 6個分

生地	食パン生地A … 1個
	生地の作り方▶P24
その他	ピザソース、シーフードミックス、
	オリーブ、ピザ用チーズ … 各適量

下準備

○ シーフードミックスはパッケージの表示通り解凍して、水気を拭き取る。

作り方

1 | 王道のピザパン（P65）と同様に最終発酵まで作る。

仕上げ | 生地の中央にピザソースをぬり、シーフードミックス、オリーブ、ピザ用チーズをのせる。

焼成 | **200℃で10分** 天板にシートごと生地をのせて焼く。お好みでドライパセリをふる。

のりの佃煮としらすのピザパン

のりの佃煮は、ご飯だけでなく
パンにもピッタリ！

材料 6個分

生地	食パン生地A … 1個
	生地の作り方▶P24
その他	のりの佃煮、しらす干し、ピザ用チーズ、
	青ねぎ(小口切り) … 各適量

作り方

1 | 王道のピザパン（P65）と同様に最終発酵まで作る。

仕上げ | 生地の中央にのりの佃煮をぬり、しらす干し、ピザ用チーズをのせる。

焼成 | **200℃で10分** 天板にシートごと生地をのせて焼く。仕上げに、青ねぎをかける。

昔懐かしい、ふわっとしたコッペパン。
ソーセージや焼きそば、コロッケを挟んで
お総菜パンにするのもおすすめです。

キャベツに効かせたカレー風味が
食欲をそそるホットドッグ。
お好みでマスタードをかけても美味！

食パン生地A
Plain bread

コッペパン

材料 6個分

生地	食パン生地A … 1個 生地の作り方▶P24
その他	溶かしバター … 適量

焼いたあとは冷凍もOK！

❄ 冷凍方法

1個ずつラップで包み、ジップ式の密閉保存袋に入れて冷凍する。

◉ 食べるときは

食べる前の日に冷蔵庫に移すか、電子レンジの解凍モードで解凍する。お好みでトースターで焼く。

作り方

分割・ベンチタイム

6分割して丸め、濡れ布巾をかぶせて10分おく。

成形

なまこ型に成形する（P34）。

最終発酵

40℃で40分〜1時間

オーブンの発酵機能を使い、生地が2倍くらいの大きさになっていればOK。発酵が終わったら生地を取り出し、オーブンの予熱（180℃）を開始する。

仕上げ

溶かしバターをハケでぬる。

焼成

180℃で10分

天板にシートごと生地をのせて焼く。

ホットドッグ

材料 6個分

生地	食パン生地A … 1個 生地の作り方▶P24
その他	溶かしバター … 適量
	ウインナー … コッペパン1個につき2本
	キャベツ … 適量 (せん切り)
	カレー粉 … 少々
	トマトケチャップ … 適量

作り方

1 | コッペパン（上記）を焼く。

2 | 焼成している間に、具材を作る。ウインナーは切り込みを入れ、フライパンにサラダ油少々（分量外）を熱し、炒める。同じフライパンでキャベツを炒め、カレー粉をふる。

仕上げ | コッペパンに切り込みを入れ、キャベツとウインナーをはさみ、トマトケチャップをかける。

69

しっとりした食パン生地に、
スイートなコーンとこってりしたマヨネーズを
合わせた具材を包みました。
大人はもちろん、お子さまも大好きな味です。
丸いパンは、包む具材を変えて、
たくさんのバリエーションが楽しめます。

70

丸いコーンマヨパン

材料 6個分

生地　食パン生地A … 1個
生地の作り方 ▶ P24

その他　**コーンマヨ**
コーン缶 … 180g
マヨネーズ … 20g

つや出し用のオリーブオイル … 適量

下準備

○ コーン缶は水気をしっかりと切って拭き取り、マヨネーズと合わせ、6等分にする。

作り方

分割・ベンチタイム

6分割して丸め、濡れ布巾をかぶせて10分おく。

成形

丸型（具入り）に成形する（P34）。

最終発酵

40℃で40分～1時間

オーブンの発酵機能を使い、生地が2倍くらいの大きさになっていればOK。発酵が終わったら生地を取り出し、オーブンの予熱（180℃）を開始する。

仕上げ

包んだ具材が見えるくらいの深さまでキッチンバサミの先で十字に切り込みを入れ（a）、オリーブオイルをハケでぬる。

焼成

180℃で12分

天板にシートごと生地をのせて焼く。

焼いたあとは冷凍もOK！

▮ 冷凍方法
1個ずつラップで包み、ジップ式の密閉保存袋に入れて冷凍する。

◉ 食べるときは
食べる前の日に冷蔵庫に移すか、電子レンジの解凍モードで解凍する。お好みでトースターで焼く。

a

明太ポテトパン

市販のポテトサラダと明太子を合わせて
かんたんにできるお総菜パンです。

(材料)　6個分

生地　食パン生地A … 1個
　　　生地の作り方 ▶ P24

その他　**明太ポテト**
　　　　市販のポテトサラダ … 180g
　　　　明太子 … 50g
　　　　マヨネーズ … 20g

　　　　つや出し用のオリーブオイル … 適量

(下準備)

○ ポテトサラダ、明太子、マヨネーズは混ぜ合わせ
て6等分にする。

(作り方)

1　**丸いコーンマヨパン（P71）**の、包む具材は明
　太ポテトに変更して、同様に作る。

仕上げ｜お好みできざみのりをのせる。

カレーパン

レトルトカレーは
お好みのものを使ってOK！

(材料)　6個分

生地　食パン生地A … 1個
　　　生地の作り方 ▶ P24

その他　レトルトカレー … 2食分
　　　　薄力粉 … 20g
　　　　ウインナー … 適量（輪切り）
　　　　プチトマト … 適量（4等分に切る）
　　　　つや出し用のオリーブオイル … 適量

(下準備)

○ レトルトカレーは鍋に出して火にかけ、薄力粉を
加えて混ぜ、さます（さめたときにギョウザのタネく
らいの硬さになっていればOK。ゆるい場合は、再
び火にかけ、少量ずつ薄力粉を足す）。6等分にす
る。

(作り方)

1　**丸いコーンマヨパン（P71）**の、包む具材はカ
　レーに変更して、最終発酵まで同様に作る。

仕上げ｜包んだ具材が見えるくらいの深さまでキッチ
　　　ンバサミの先で十字に切り込みを入れ、ウイ
　　　ンナーとトマトをのせる。オリーブオイルをハ
　　　ケでぬる。

焼成｜**180℃で12分** 天板にシートごと生地をのせ
　　　て焼く。

Filled & Stuffed bread Arrange

丸いパンアレンジ

黒ごまチーズパン

黒ごま入りの生地にチーズをかけて焼くだけの
ころんとしたかわいいパンです。

材料	6個分

生地	食パン生地A … 1個
	生地の作り方 ▶ P24
混ぜ込み	黒いりごま … 6g
その他	ピザ用チーズ … 適量

下準備

○ 食パン生地に黒いりごまを混ぜ込む。
混ぜ込みの仕方 ▶ P27

作り方

1 具材は包まずに**丸いコーンマヨパン（P71）**と
同様に最終発酵まで作る。

仕上げ ピザ用チーズをかける。

焼成 **180℃で12分** 天板にシートごと生地をのせ
て焼く。

はちみつクリームチーズパン

焼成後にかけるはちみつがポイントの
おやつパンです。

材料	6個分

生地	食パン生地A … 1個
	生地の作り方 ▶ P24
その他	クリームチーズ … 120g
	オリーブオイル … 適量
	はちみつ … 適量

下準備

○ クリームチーズは6等分にする。

作り方

1 **丸いコーンマヨパン（P71）**の、包む具材はクリームチーズに変更して、最終発酵まで同様に作る。

仕上げ 包んだ具材が見えるくらいの深さまでキッチンバサミの先で十字に切り込みを入れ、オリーブオイルをハケでぬる。

焼成 **180℃で12分** 天板にシートごと生地をのせて焼く。焼き上がって粗熱が取れたら、はちみつをかける。

オーブンではなくフライパンで焼くパン。
チョコマシュマロは、とろりと溶けた具材が魅力。
ハムチーズは、とろ〜りと伸びたチーズを楽しんで。
焼きたてをすぐ食べるのがおすすめです。

74

食パン生地A
Plain bread

フライパンパン
（チョコマシュマロ・ハムチーズ）

材料　各6個分

チョコマシュマロ

生地	食パン生地A … 1個
	生地の作り方 ▶ P24

その他	板チョコ … 48g
	マシュマロ … 48g

ハムチーズ

生地	食パン生地A … 1個
	生地の作り方 ▶ P24

その他	ハム（薄切り）… 6枚
	ピザ用チーズ … 120g
	マヨネーズ … 適量

作り方

分割・ベンチタイム

6分割して丸め、濡れ布巾をかぶせて10分おく。

成形

とじ目を上にして、めん棒で縦16×横10㎝くらいにのばす。チョコマシュマロは、中央に砕いだチョコとマシュマロを各8gずつのせる（a）。ハムチーズは、ハム1枚とピザ用チーズ20gをのせ（b）、マヨネーズをかける。半分に折りたたみ、指でおさえてとじる（c）。

最終発酵

40℃で40分〜1時間
オーブンの発酵機能を使い、生地が2倍くらいの大きさになっていればOK。

焼成

フライパンに薄くサラダ油（分量外）を熱し、ふたをして弱火で片面4分ずつ焼く（d）。

焼いたあとは冷凍もOK！

冷凍方法
1個ずつラップで包み、ジップ式の密閉保存袋に入れて冷凍する。

食べるときは
食べる前の日に冷蔵庫に移すか、電子レンジの解凍モードで解凍する。お好みでトースターで焼く。

a

b

c

d

型に入れた生地の上に、グラタンをドーンと
入れた大胆なパン。
熱々のグラタンと焼き立てパンを
一緒に楽しめるのは、
手作りパンだからこその魅力です。

76

食パン生地B
Plain bread

大きなグラタンパン

用意するもの

スクエア型（縦18×横18cm）

材料　1個分

生地　食パン生地B … 1個
生地の作り方▶P24

その他　**グラタン**
じゃがいも … 1個（2cm角に切る）
玉ねぎ … 1/4個（5mm幅に切る）
ベーコン… 50g（1cm幅に切る）
ブロッコリー … 30g（小房に分ける）
薄力粉 … 20g
牛乳 … 240g
コンソメスープの素 … 小さじ1/2
塩・こしょう … 各少々
バター … 20g
ピザ用チーズ … 適量

下準備

○ グラタンを作る。じゃがいもは、耐熱容器に水大さじ1（分量外）とともに入れてラップをかけ、電子レンジ（600W）で2分加熱する。フライパンにバターを熱し、じゃがいも、玉ねぎ、ベーコン、ブロッコリーを炒める。しんなりしてきたら薄力粉を加え、粉気がなくなるまで炒める（a）。牛乳を少量ずつ加え、全体が混ざったらコンソメと塩・こしょうを加え、とろみがつくまで混ぜながら加熱し（b）、さます。

作り方

ベンチタイム

分割せずに丸め、濡れ布巾をかぶせて10分おく。

成形

薄く油（分量外）をぬったスクエア型に生地を移して、型に合わせて手で均一にのばす。

最終発酵

40℃で40分〜1時間

生地が2倍くらいの大きさになったら生地を型ごと取り出し、オーブンの予熱（200℃）を開始する。

仕上げ

c

生地の中央をくぼませて、グラタンをのせ（c）、ピザ用チーズをかける。

焼成

200℃で25〜30分

天板に型をのせて焼く。

混ぜたときに、フライパンの底が見えるくらいとろみがついたらOK！

a

b

焼いたあとは冷凍もOK！

冷凍方法
食べやすい大きさに切り、小分けにしてラップで包み、ジップ式の密閉保存袋に入れて冷凍する。

食べるときは
食べる前の日に冷蔵庫に移すか、電子レンジの解凍モードで解凍する。お好みでトースターで焼く。

小さくて白いふわふわのパンは、
打ち粉をふって、低めの焼成温度で
焼くのがポイント。
「白パンといえばこれ！」な
山がふたつ並んだようなかわいい形の成形にも、
ぜひチャレンジしてみて。

食パン生地A
Plain bread

白パン

用意するもの

菜箸　茶こし

材料　8個分

生地	食パン生地A … 1個 生地の作り方 ▶ P24
その他	強力粉 … 適量

作り方

分割・ベンチタイム

8分割して丸め、濡れ布巾をかぶせて10分おく。

成形

とじ目を下にして生地をおき、手のひらで少しつぶす。菜箸を生地の中央に押し当て、前後に転がし2cmくらいの凹みを作り（a）、クッキングシートを敷いた天板に並べる。

最終発酵

40℃で40分～1時間

オーブンの発酵機能を使い、生地が2倍くらいの大きさになっていればOK。発酵が終わったら生地を取り出し、オーブンの予熱（160℃）を開始する。

仕上げ

茶こしで強力粉をふる。

焼成

160℃で10分

天板にシートごと生地をのせて焼く。

焼いたあとは冷凍もOK！

■ 冷凍方法

1個ずつラップで包み、ジップ式の密閉保存袋に入れて冷凍する。

◉ 食べるときは

食べる前の日に冷蔵庫に移すか、電子レンジの解凍モードで解凍する。お好みでトースターで焼く。

a

クッキングシートを型の代わりにするから
型がなくてもすぐに作ることができる
ビッグサイズのパンです。
レーズンは、ひと手間ですが熱湯で戻すことで
ふっくらとおいしい仕上がりに。
ざくっとしたグラニュー糖の食感も◎。

菓子パン生地
Sweet bread

大きなレーズンシュガーパン

材料) 1個分

生地　菓子パン生地 … 1個
生地の作り方 ▶ P24

混ぜ込み　レーズン … 80g
（熱湯で戻し、水気をしっかり拭き取る）

その他　バター … 20g (1cm角に切る)
溶かしバター … 適量
グラニュー糖 … 適量

下準備)

○ 菓子パン生地にレーズンを混ぜ込む。
混ぜ込みの仕方 ▶ P27

焼いたあとは冷凍もOK！

🧊 冷凍方法
食べやすい大きさに切り、小分けにし
てラップで包み、ジップ式の密閉保存
袋に入れて冷凍する。

◉ 食べるときは
食べる前の日に冷蔵庫に移すか、電子
レンジの解凍モードで解凍する。お好
みでトースターで焼く。

作り方)

ベンチタイム

分割せずに丸め、濡れ布巾をかぶせて10分おく。

成形

クッキングシートを広げ、その上にとじ目を下にし
ておき、手で直径12cmくらいに広げる (*a*)。クッキ
ングシートの四隅をつまんで器状にする (*b*)。

最終発酵

40℃で40分
　オーブンの発酵機能を使い、生地が2倍くらいの
大きさになっていればOK。発酵が終わったら生地
を取り出し、オーブンの予熱 (180℃) を開始する。

仕上げ

指で深さ1〜2cmの穴を2cm間隔くらいに空け、穴
の中にバターを入れる (*c*)。溶かしバターをぬり、
グラニュー糖をかける。

焼成

180℃で22〜25分
天板にシートごと生地をのせて焼く。

a

b

c
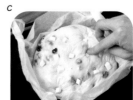

人気のカフェでも定番の
シナモンシュガーを巻いて作るシナモンロール。
おやつにも朝食にもぴったりなパンなので
ぜひ、作ってみてください。
甘さ控えめに作りたい場合は、
アイシングはかけなくてもOK！

菓子パン生地
Sweet bread

シナモンロール

用意するもの

アルミカップ（直径7.4cm）×6個

材料　6個分

生地	菓子パン生地 … 1個
	生地の作り方 ▶ P24
その他	**シナモンシュガー**
	グラニュー糖 … 25g
	シナモンパウダー … 3g
	溶かしバター … 適量
	つや出し用の溶き卵 … 適量
	アイシング
	粉糖 … 105g
	水 … 大さじ1

下準備

○ グラニュー糖とシナモンパウダーは混ぜ合わせ、シナモンシュガーを作る。
○ アイシングの材料を混ぜ合わせる。

焼いたあとは冷凍もOK！

冷凍方法
1個ずつラップで包み、ジップ式の密閉保存袋に入れて冷凍する。

食べるときは
食べる前の日に冷蔵庫に移すか、電子レンジの解凍モードで解凍する。

作り方

ベンチタイム

分割せずに丸め、濡れ布巾をかぶせて10分おく。

成形

巻き上げの形に成形する（P35）。

最終発酵

40℃で40分
オーブンの発酵機能を使い、生地が2倍くらいの大きさになっていればOK。発酵が終わったら生地を取り出し、オーブンの予熱（180℃）を開始する。

仕上げ

溶き卵をハケでぬる。

焼成

180℃で10分
天板にカップごとのせて焼く。

仕上げ

さめたら、**アイシング**をかける（a）。

a

コーヒーロール

大きなシナモンパン

84

抹茶甘納豆ロール

チョコバナナロール

あんロール

大きな シナモンパン

インパクト大なシナモンパンは
手でちぎって食べても、
ケーキのように切り分けて
食べても。

(用意するもの)

エンゼルケーキ型 (直径18㎝)、包丁

(材料) 1個分

| 生地 | 菓子パン生地 … 1個 |
生地の作り方 ▶ P24

| その他 | **シナモンシュガー** |
グラニュー糖 … 45g
シナモンパウダー … 5g

溶かしバター … 45g
グレーズ
粉糖 … 50g
牛乳 … 8g
ラム酒 … 2g

(下準備)

○ グラニュー糖とシナモンパウダーは混
ぜ合わせ、シナモンシュガーを作る。
○ 粉糖、牛乳、ラム酒を混ぜ合わせ、グ
レーズを作る。

(作り方)

ベンチタイム | 分割せずに丸め、濡れ布巾をかぶ
せて10分おく。

成形 | 生地をきざんで溶かしバターとシナモ
ンシュガーをあえて型に入れる (P35)。

最終発酵 | **40℃で40分** オーブンの発酵機能
を使い、生地が2倍くらいの大きさ
になっていればOK。発酵が終わっ
たら型ごと生地を取り出し、オーブ
ンの予熱 (180℃) を開始する。

焼成 | **180℃で25分** 天板に型をのせて焼く。

仕上げ | 粗熱が取れたら型から取り出し、グ
レーズをかける。

コーヒー ロール

生地にも具材にも
コーヒーを使った
コーヒー好きに
おすすめのパンです。

(用意するもの)

アルミカップ (直径7.4㎝) ×6個

(材料) 6個分

| 生地 | 菓子パン生地 … 1個 |
生地の作り方 ▶ P24
インスタントコーヒー … 4g

| その他 | **コーヒーシュガー** |
グラニュー糖 … 30g
インスタントコーヒー … 3g

溶かしバター … 適量
つや出し用の溶き卵 … 適量
アイシング
粉糖 … 105g
水 … 大さじ1
ラム酒 … 2g

(下準備)

○ インスタントコーヒーは、**生地の作り
方の工程2**のときに 粉類 に加える。
○ グラニュー糖とインスタントコーヒーを
混ぜ合わせ、コーヒーシュガーを作る。
○ アイシングの材料を混ぜ合わせる。

(作り方)

1 | シナモンロール (P83) の、巻く具
材はコーヒーシュガーに変更して、
同様に作る。

86

シナモンロールアレンジ

あんロール

バターと
あんこによる
和の甘さも合います。

アルミカップ（直径7.4cm）×6個

材料　6個分

生地	菓子パン生地 … 1個
	生地の作り方 ▶ P24
その他	つぶあん … 200g
	溶かしバター … 適量
	つや出し用の溶き卵
	… 適量
	黒いりごま … 適量

作り方

成形　シナモンロール（P83）の、巻く具材はつぶあんに変更して、最終発酵まで同様に作る。

仕上げ　溶き卵をハケでぬり、黒ごまをふる。

焼成　**180℃で10分**
天板にカップごとのせて焼く。

チョコバナナロール

フレッシュバナナを使った
シンプルな
おやつパンです。

用意するもの

アルミカップ（直径7.4cm）×6個

材料　6個分

生地	菓子パン生地 … 1個
	生地の作り方 ▶ P24
その他	チョコチップ … 60g
	バナナ … 1本 (1cm角に切る)
	溶かしバター … 適量
	つや出し用の溶き卵
	… 適量
	飾り用のチョコ … 40g

作り方

1　**シナモンロール（P83）の作り方**を参照し、巻く具材はチョコチップとバナナに変更して、同様に作り、焼成する。

仕上げ　さめたら、湯せんで溶かした飾り用のチョコレートをかける。

抹茶甘納豆ロール

和の食材を
ふんだんに使って
見た目も雅な仕上がりに。

用意するもの

アルミカップ（直径7.4cm）×6個

材料　6個分

生地	菓子パン生地 … 1個
	生地の作り方 ▶ P24
	抹茶パウダー … 3g
その他	つぶあん … 50g
	甘納豆 … 70g
	溶かしバター … 適量
	つや出し用の溶き卵
	… 適量

下準備

○ 抹茶パウダーは、**生地の作り方の工程2**のときに 粉類 に加える。

作り方

1　**シナモンロール（P83）の、巻く具材はつぶあんと甘納豆に変更して、同様に作る。

パン屋さんでよく見る定番のクリームパンの
いちばん基本の作り方です。
パンに包まれたカスタードは、
ラム酒をきかせると大人な風味に。
お子さまといっしょに食べる場合は
ラム酒は入れなくてもOKです。

菓子パン生地
Sweet bread

クリームパン

材料) 7個分

生地 菓子パン生地 … 1個
生地の作り方 ▶ P24

その他 カスタードクリーム … 350g
つや出し用の溶き卵 … 適量

下準備)

○ カスタードクリームを作り、350gを7等分にする。

カスタードクリームの材料と作り方 ▶ P92

作り方)

分割・ベンチタイム

7分割して丸め、濡れ布巾をかぶせて10分おく。

成形

クリームパンの形に成形する（P36）。

最終発酵

40℃で40分
オーブンの発酵機能を使い、生地が2倍くらいの大きさになっていればOK。発酵が終わったら生地を取り出し、オーブンの予熱（180℃）を開始する。

仕上げ

溶き卵をハケでぬる。

焼成

180℃で11分
天板にシートごと生地をのせて焼く。

焼いたあとは冷凍もOK！

🧊 冷凍方法
1個ずつラップで包み、ジップ式の密閉保存袋に入れて冷凍する。

◎ 食べるときは
食べる前の日に冷蔵庫に移すか、電子レンジの解凍モードで解凍する。

メロンパンは、パン生地をクッキー生地で
包んで焼きます。
クッキー生地を作るのはひと手間だけど、
お店みたいなメロンパンが焼けますよ。
この本では、ちょっと小さめなメロンパンが
8個できるレシピを紹介します。

メロンパン

材料 8個分

生地	菓子パン生地 … 1個
	生地の作り方 ▶ P24
その他	クッキー生地 … 1個

下準備

○ **クッキー生地**を作り、8等分にする。
クッキー生地の材料と作り方 ▶ P93

作り方

分割・ベンチタイム

8分割して丸め、濡れ布巾をかぶせて10分おく。

成形

クッキー生地で、菓子パン生地を包んで成形する（P36）。

最終発酵

35℃で50分
オーブンの発酵機能を使い、生地が2倍くらいの大きさになっていればOK。発酵が終わったら生地を取り出し、オーブンの予熱（180℃）を開始する。

焼成

180℃で10〜12分
天板にシートごと生地をのせて焼く。

焼いたあとは冷凍もOK！

冷凍方法
1個ずつラップで包み、ジップ式の密閉保存袋に入れて冷凍する。

食べるときは
食べる前の日に冷蔵庫に移すか、電子レンジの解凍モードで解凍する。

カスタードクリームの作り方

クリームパン（P88）と生ドーナツ（P106）で使うカスタードクリームの作り方です。
できあがり量は約400gなので、レシピで使う分量を取り分けて使用してください。
余ったカスタードクリームは保存容器に入れてラップを密着させ、冷蔵庫で2〜3
日保存可能です。

材料 （約400g分）

卵黄 … 2個分
砂糖 … 65g
薄力粉 … 20g
牛乳 … 250g
生クリーム … 15g
バター … 15g
ラム酒 … 小さじ1/2
バニラエッセンス … 適量

作り方

1 耐熱ボウルに、卵黄と砂糖を入れ、泡立て器で混ぜる。白っぽくなったら、薄力粉を加え、粉っぽさがなくなるまで混ぜる。

2 鍋に牛乳と生クリームを入れて火にかけ、沸騰直前まで加熱する。

3 **1**のボウルに**2**を1/3量ほど加えて混ぜる。

4 全体が混ざったら残りの**2**が入った鍋（火はつけていない状態）に、**3**をざるでこしながら戻し入れる。

5 ゴムベラで混ぜながら弱火にかけ、鍋の底が見えるくらいにとろみがつくまで加熱する（焦げやすいので注意！）。

6 バター、ラム酒、バニラエッセンスを加える。火を止めて、バターが溶けるまで混ぜる。

7 バットに移し、粗熱が取れたらラップを密着させ、冷蔵庫で冷やす。使う直前に取り出す。

クッキー生地の作り方

メロンパン（P90）で使用するクッキー生地の作り方です。パン生地の分割をする
前に、クッキー生地を作って、冷蔵庫で冷やしておきましょう。

材料

バター … 50g
グラニュー糖 … 50g
全卵 … 30g

ラム酒 … 少々
バニラエッセンス … 適量
薄力粉 … 100g

下準備

○ バターは室温に戻す。

作り方

1 ボウルにバターとグラニュー糖を入れて泡立て器で混ぜる。

2 白っぽくなったら溶きほぐした卵、ラム酒、バニラエッセンスを加えて混ぜる。

3 全体が混ざったら薄力粉を加え、ゴムベラで全体をさっくり混ぜる。

4 粉っぽさがなくなり、ひとまとまりになるまで混ぜたら、ラップで包み、冷蔵庫で休ませる。

いちばんシンプルな山型食パンの
基本の作り方です。
シンプルだからこそ、
同じ材料、同じ手順で作っても
毎回、味も仕上がりも少しずつ変わります。
奥深い食パンの世界へようこそ！

94

食パン生地B
Plain bread

食パン

用意するもの

1斤型（縦9.7×横19.8×高さ9.6㎝）

材料　1斤分

生地	食パン生地B … 1個
	生地の作り方 ▶ P24
その他	溶かしバター … 適量

作り方

分割・ベンチタイム

3分割して丸め、濡れ布巾をかぶせて10分おく。

成形

生地を巻いて型に入れる（P37）。

最終発酵

40℃で40分〜1時間

オーブンの発酵機能を使い、型の高さくらいまでの大きさになっていればOK。発酵が終わったら生地を型ごと取り出し、オーブンの予熱（180℃）を開始する。

仕上げ

溶かしバターをハケでぬる。

焼成

180℃で25分
天板に型をのせて焼く。

焼いたあとは冷凍もOK！

冷凍方法
お好みの厚さにスライスしてラップで包み、ジップ式の密閉保存袋に入れて冷凍する。

食べるときは
食べる前の日に冷蔵庫に移すか、電子レンジの解凍モードで解凍する。お好みでトースターで焼く。

食パン生地にほくほくのさつまいもの甘露煮を
入れて焼き上げたボリューム満点のパン。
甘露煮は、市販品を購入して作っても。
焼き上げたあとにぬるはちみつバターも
おいしさの秘訣です。

食パン生地A
Plain bread

おいも食パン

用意するもの

1斤型 (縦9.7×横19.8×高さ9.6㎝) ×2個

材料　2個分

生地 食パン生地A … 1個
生地の作り方 ▶ P24

その他 さつまいもの甘露煮
さつまいも … 300g
バター … 15g
はちみつ … 15g
グラニュー糖 … 15g

黒いりごま … 適量
はちみつ … 適量
溶かしバター … 適量

下準備

○ さつまいもの甘露煮を作る。さつまいもは皮をむき、さいの目切りにする。耐熱容器に入れ、ラップをかけて電子レンジ (600W) で3分加熱する。フライパンにバターを熱し、さつまいもを炒める。中まで火が通ったらはちみつとグラニュー糖を加えてさっと炒め、さます (a)。

作り方

分割・ベンチタイム

2分割して丸め、濡れ布巾をかぶせて10分おく。

成形

ツイスト状に成形して型に入れる (P37)。

最終発酵

40℃で40分～1時間
オーブンの発酵機能を使い、生地が2倍くらいの大きさになっていればOK。発酵が終わったら生地を型ごと取り出し、オーブンの予熱 (180℃) を開始する。

焼成

180℃で20分
天板に型をのせて焼く。粗熱が取れたら、はちみつと溶かしバターをそれぞれぬる。

焼いたあとは冷凍もOK!

🧊 **冷凍方法**
お好みの厚さにスライスしてラップで包み、ジップ式の密閉保存袋に入れて冷凍する。

◉ **食べるときは**
食べる前の日に冷蔵庫に移すか、電子レンジの解凍モードで解凍する。お好みでトースターで焼く。

a

97

教えて！ ジャムおにい

パン作りの疑問 **Q & A**

初心者が知りたい疑問や
SNSで多いパン作りの質問について、
ジャムおにいが解説！

Q.1
こねる生地はホームベーカリーで こねてもいいですか？

A. はい！ ホームベーカリーでこねてもOK
です。ホームベーカリーを使う際は、分割の前ま
でホームベーカリーに任せましょう。バター（油
脂）以外の材料を入れて8割がたこねあがり、生
地がつるんとしてきたタイミングでバターを入れ
て最後までこねるのがおすすめです。

Q.2
イーストはどんなものを 選べばいいですか？

A. この本では「赤サフ」を使用しています。
スーパーに売っている他のドライイーストでも
OK！ 砂糖の量が粉に対して11％以上配合する
生地は金サフ（耐糖性のあるイースト）がおすす
めです。

Q.3
焼成したとき、生地がふくらみ ません。どうしたらいいですか？

A. 発酵不足、こね不足が原因だと思います。
最終発酵をしっかり取るようにしてください。発
酵の見極めは生地を軽く押して指の跡が少し残
るくらいが目安です。反発するようだと発酵不足
で、生地がしぼむようだと発酵オーバーです（発
酵オーバーの場合は、ふくらまないかもしれませ
んが、なるべく早く焼成の工程に入ってください）。

[発酵の見極め方]

発酵不足　　　　　**発酵オーバー**

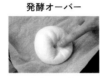

生地が反発して元に戻る　　生地がしぼむ

Q.4
こねても生地が つるんとしないときは、 どうしたらいいですか？

A. 手ごねの場合、グルテンが完全に繋がるま
でかなり長くこねないといけないなくなってしま
うので、20分以上こねてつるんとしない場合は
一度あきらめて1次発酵に進みましょう。そして、
一次発酵の間に一度パンチを増やす事をおすす
めします。パンチをすることでグルテンが強化さ
れてこね不足を少し解消することができます。

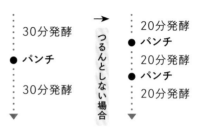

のようなイメージです。

Q.5
生地をこねている途中で 休憩してもいいですか？

A. 生地が乾燥しないようにラップをかければ、
少しならOKです。休んでいる間にも発酵が進む
ので5分以内の休憩におさめると◎。

LESSON

4

ワンステップアップのパン

お湯で生地をゆでる「ケトリング」という工程があるベーグルや、
バターを折り込む工程があるデニッシュ生地を使ったクイニーアマン風など、
ちょっとひと手間がかかるけど、その分作れたら
テンションが上がってしまうパンの作り方を紹介しています。

プレーンベーグル

ベーグルのもちもちと噛みごたえのある食感は、
発酵後に生地をゆでる「ケトリング」という工程から生まれます。
ケトリング中にベーグルのつなぎ目が
取れてしまわないように、成形の工程（7）で
しっかりつなぎ合わせるのが成功のポイントです。

アールグレイ
ホワイトチョコ
ベーグル

キャラメル
コーヒー
ベーグル

オレンジ
クリームチーズ
ベーグル

チーズ
ベーグル

101

ベーグル生地

Bagle

プレーンベーグル

材料 4個分

生地	ベーグル生地 … 1個 …… （材料は右記参照）	粉類	強力粉 … 200g 砂糖 … 10g 塩 … 4g	
			イースト … 2g	
ケトリング用	水 … 1ℓ はちみつ … 大さじ1	水分	水 … 124g	

作り方

生地作り

こねる生地の作り方（P24）の工程1〜4と同様に作る（1次発酵はさせず、そのまま分割とベンチタイムに進む）。

分割・ベンチタイム

4分割して丸め、濡れ布巾をかぶせて10分おく。

成形

1 とじ目を上にしておき、縦6×横12cmくらいのだ円形にめん棒でのばす。

2 手前の生地を、1/3くらいの場所まで折り返し、折り返したところを指でおさえる。

3 向こう側の生地を、手前1/3くらいの場所まで折り返す。

4 親指の付け根でとじ目をおさえながら、さらに半分に折る。

5 形をととのえな
がら両手で転が
し、18cmくらいの長さ
にする。

6 片方の端を2cmく
らいめん棒で平
らにする。

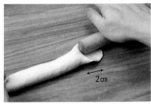

7 もう片方の端を
重ね、平らにし
た部分で包むように
してとじる。

8 とじ目を下にし
て形をととのえ、
クッキングシートを敷
いた天板に、とじ目を
下にしておく。

最終発酵

40℃で40分 オーブンの発酵機能を使い、生地
が2倍くらいの大きさになっていればOK。発酵
が終わったら生地を取り出し、オーブンの予熱
（200℃）を開始する。

ケトリング

鍋に90℃の湯を沸か
し、はちみつを加えたら、
生地を入れて、片面30
秒ずつゆで、クッキング
シートを敷いた天板にと
じ目を下にして並べる。

焼成

200℃で12分 焼く。

チーズベーグル

こんがり焼けたチーズがおつまみにも
なりそうなベーグルです。

(材料)　4個分

生地	ベーグル生地 … 1個 生地の作り方 ▶ P24
ケトリング用	水 … 1ℓ はちみつ … 大さじ1
その他	ピザ用チーズ … 100g 粉チーズ … 適量

(下準備)

○ ピザ用チーズは4等分にする。

(作り方)

1 | ベーグル（P102）の作り方のケトリングまで
　　を参照して同様に作る。

仕上げ | 焼く直前の生地に、ピザ用チーズをかけ、粉
　　　 チーズをふる（a）。

焼成 | 200℃で12分焼く。

a

アールグレイ
ホワイトチョコベーグル

アールグレイの香りとホワイトチョコの甘さ
が際立つ、おしゃれなベーグルです。

(材料)　4個分

生地	ベーグル生地 … 1個 生地の作り方 ▶ P24 アールグレイ茶葉 … 4g
その他	ホワイトチョコチップ … 80g
ケトリング用	水 … 1ℓ はちみつ … 大さじ1

(下準備)

○ アールグレイは茶葉が大きい場合はフードプロ
セッサーなどで粉砕する。生地の作り方の工程2の
ときに 粉類 に加える。
○ ホワイトチョコは4等分にする。

(作り方)

1 | ベーグル（P102）の成形の工程1のあとに、ホ
　　ワイトチョコチップをのせて（a）生地の上
　　下の端を合わせ、端から指でつまんでとめる
　　（b）。そのあとは、成形の工程5に進んで同
　　様に作り、焼成する。

a

b

Bagle Arrange

ベーグルアレンジ

オレンジクリームチーズ
ベーグル

オレンジピールの爽やかな香りが鼻に抜ける
大人におすすめのパンです。

材料 4個分

生地	ベーグル生地 … 1個 生地の作り方 ▶ P24
混ぜ込み	オレンジピール … 60g
その他	クリームチーズ … 80g
ケトリング用	水 … 1ℓ はちみつ … 大さじ1

下準備

○ ベーグル生地にオレンジピールを混ぜ込む。
混ぜ込みの仕方 ▶ P27
○ クリームチーズは4等分にする。

作り方

1 | **ベーグル（P102）の成形の工程1**のあとに、ク
リームチーズをのせて生地の上下の端を合わ
せ、端から指でつまんでとめる。そのあとは、
成形の工程5に進んで同様に作り、焼成する。

キャラメルコーヒー
ベーグル

レシピではキャラメルチョコチップを使用
しましたが、普通のチョコチップでも◎！

材料 4個分

生地	ベーグル生地 … 1個 生地の作り方 ▶ P24 インスタントコーヒー … 4g
その他	キャラメルチョコチップ … 80g
ケトリング用	水 … 1ℓ はちみつ … 大さじ1

下準備

○ インスタントコーヒーは、**生地の作り方の工程2**
のときに 粉類 に加える。
○ キャラメルチョコチップは4等分にする。

作り方

1 | **ベーグル（P102）の成形の工程1**のあとに、
キャラメルチョコチップをのせて生地の上下
の端を合わせ、端から指でつまんでとめる。
そのあとは、成形の工程5に進んで同様に作
り、焼成する。

生地に生クリームを加えてしっとりした
食感に仕上げたドーナツです。
オーブンではなく、油で揚げます。
中身はホイップとカスタードの2種の
クリームで贅沢に。
特別な日のご褒美にぴったり。

生ドーナツ生地
Raw donut

生ドーナツ

用意するもの

絞り袋　　　　　　菜箸

材料) 8個分

| 生地 | 生ドーナツ生地 … 1個 |
| | （材料は下記参照） |

粉類	強力粉 … 180g
	薄力粉 … 20g
	砂糖 … 30g
	塩 … 3g
	イースト … 3g

水分	牛乳 … 50g
	生クリーム … 30g
	水 … 40g
	全卵 … 20g

| 油脂 | バター … 10g |

その他	揚げ油 … 適量
	生クリーム … 100g
	砂糖 … 10g
	カスタードクリーム … 200g
	グラニュー糖 … 適量

下準備

○ カスタードクリームを作る。

カスタードクリームの材料と作り方 ▶ P92

作り方

生地作り

こねる生地の作り方の工程1〜6と同様に作る。

分割・ベンチタイム

8分割して丸め、濡れ布巾をかぶせて10分おく。

最終発酵

40℃で40分〜1時間 とじ目を下にしてクッキングシートを敷いた天板にのせる。オーブンの発酵機能を使い、生地が2倍くらいの大きさになっていればOK。

揚げる

鍋に揚げ油を170℃に熱し、片面1分30秒くらいずつ、きつね色になるまで揚げる（*a*）。

仕上げ

さましている間に生クリームに砂糖を加えて10分立てまで泡立て、カスタードクリームとさっくり混ぜ合わせ、絞り袋に入れる。
生地がさめたら、グラニュー糖をまぶし（*b*）、側面に菜箸で直径1cmくらいの穴を空け（*c*）、穴の中にクリームを絞る（*d*）。

下半分が油に浸かるように、
菜箸などでドーナツ生地をおさえる。

a 　*b* 　*c* 　*d*

107

一般的なクイニーアマンは、シートバター
という薄くのばしたバターを生地に
折り込んで作ります。
バターの温度管理が難しいので、
今回は室温に戻したバターをぬって折り込む
ことで、クイニーアマン風に仕上げました。
かんたんだけど、味は一級ですよ！

108

菓子パン生地

Sweet bread

かんたんクイニーアマン風

用意するもの

マフィン型（直径6㎝×高さ2.8㎝で
6個穴のもの）×2個

材料　11個分

生地	菓子パン生地 … 1個 **生地の作り方 ▶ P24**
その他	バター … 100g グラニュー糖 … 33g

下準備

○ バターを室温に戻す。

作り方

ベンチタイム

生地は分割せずに丸め、濡れ布巾をかぶせて10分おく。

成形

1 台に生地をおき、打ち粉をしながらめん棒で縦30×横15㎝くらいにのばし、バターを半量ぬる。このとき、バターが完全に溶けないように注意しながらすばやくぬる。

2 縦3つ折りにする。

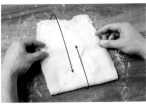

3 めん棒で縦15×横25㎝くらいにのばす。

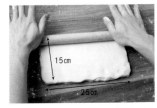

4 バットに入れてラップをかけ、冷凍庫で20分以上おく。

5 冷凍庫から取り出し、めん棒で縦30×横15㎝くらいにのばし、残りのバターも同じようにぬり、縦3つ折りにする。バットに入れてラップをかけ、再び冷凍庫で20分以上おく。

6 冷凍庫から取り出し、めん棒で縦30×横25㎝くらいにのばし、手前を1～2㎝折り返し、芯を作る。

7 芯の部分から向こう側にくるくると巻いていく。

8 巻き終わりを指でつまんでとめる。

109

9 手のひらで転がし形をととのえ、とじ目を下にして、包丁で11等分に切り分ける。

10 型の底にそれぞれ3gずつグラニュー糖を広げ、切り分けた生地を入れる。

11 生地を型に合わせて指で少し押しつぶす。

最終発酵

35℃で40分

オーブンの発酵機能を使い、生地が2倍くらいの大きさになっていればOK。発酵が終わったら生地を型ごと取り出し、オーブンの予熱（180℃）を開始する。

焼成

180℃で10分

天板に型をのせて型の上にクッキングシートをかぶせ、ふたがわりの天板をのせて焼く（a）。

仕上げ

焼き上がったらお好みでバーナーでグラニュー糖がまぶしてある面をあぶるか、トースターで1〜2分加熱して、砂糖をキャラメリゼする。

a

Staff

撮影　　　　　　さいとうりょうこ
デザイン　　　　千葉佳子 (kasi)
スタイリング　　小坂 桂
撮影協力　　　　UTUWA
DTP　　　　　　三光デジプロ
調理アシスタント　三好弥生
校正　　　　　　夢の本棚社
編集協力　　　　須川奈津江

Profile

ジャムおにい

パン職人歴8年の元パン屋さん。製パン技能士2級。現在はInstagramやTikTok、YouTubeなどで、視聴者のリクエストに応えながらおうちでも作りやすいさまざまなオリジナリティあふれるパンのレシピを紹介している。動画を見て、実際に作ってみた方からは、「もっといろんなパンが見たい！」「詳しいレシピが知りたい！」「ジャムおにいさんのパンのレシピがいちばんおいしい！」などの声が寄せられている。

YouTube ▶ ジャムおにいのパン教室 @jamoni08131
Instagram ▶ ジャムおにい @jamoni08131
TikTok ▶ ジャムおにい @jamoni08131

知りたいことが全部わかる！

ジャムおにいが教える
本格おうちパン教室

2024年5月16日　初版発行

著者　　ジャムおにい
発行者　山下 直久
発行　　株式会社KADOKAWA
　　　　〒102-8177
　　　　東京都千代田区富士見2-13-3
　　　　電話　0570-002-301(ナビダイヤル)
印刷所　大日本印刷株式会社
製本所　大日本印刷株式会社